Klasse 5-10

Sabine Runge

Notenlehre leicht verständlich

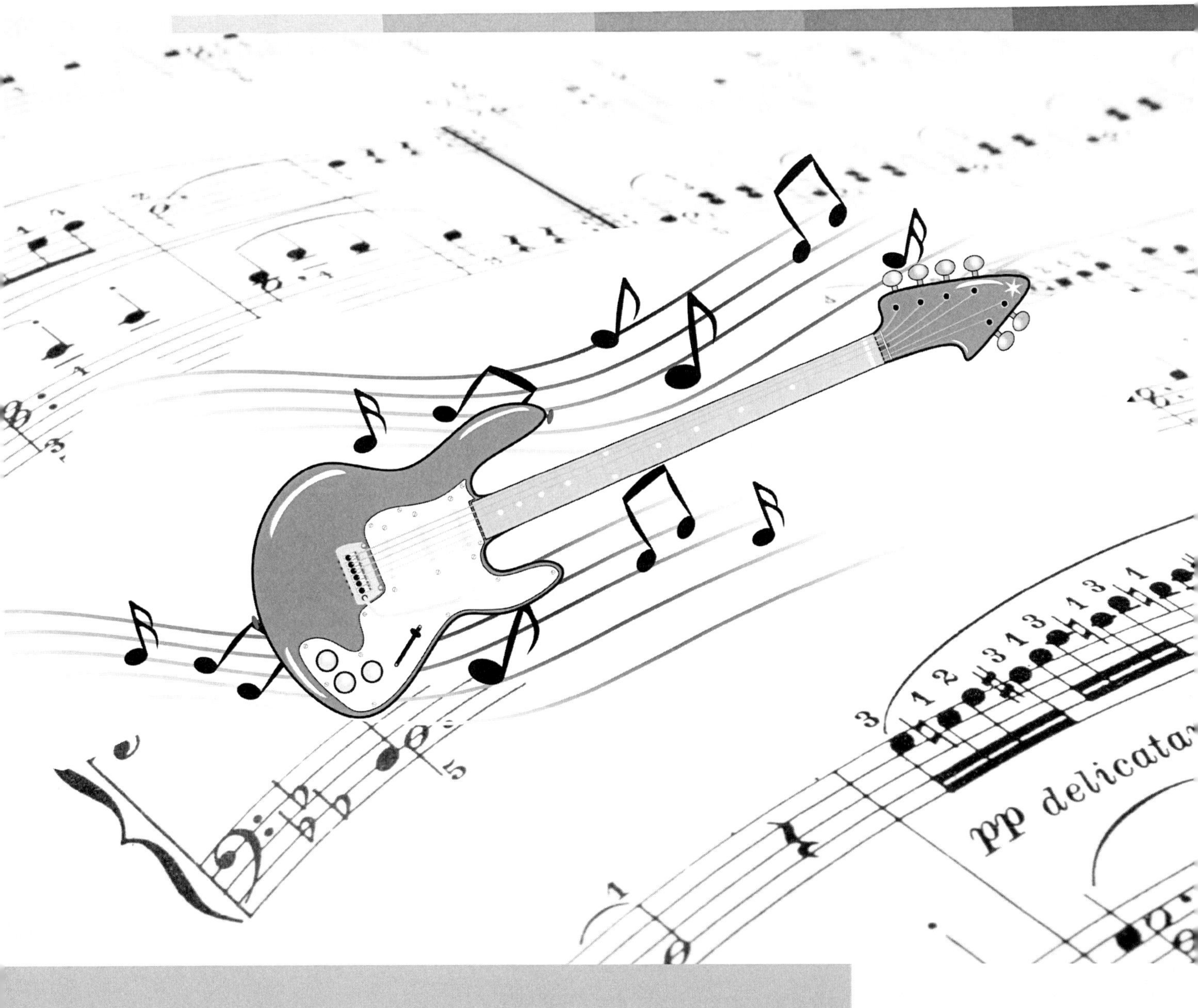

Noten- & Pausenlängen, der Quintenzirkel u.v.m.

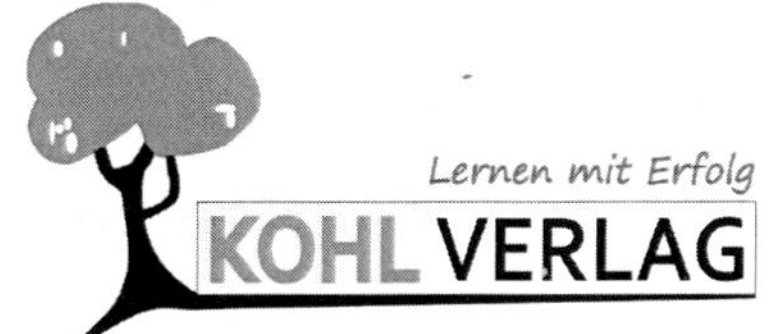

Notenlehre leicht verständlich

Noten- und Pausenlängen, der Quintenzirkel u.v.m.

8. Auflage 2026

Inhalt: Sabine Runge
Umschlagbilder: © Dantok & Lars Tuchel - AdobeStock.com
Alle Abbildungen im Inhalt: Sabine Runge
Grafik & Satz: Kohl-Verlag
Redaktion: Kohl-Verlag
Druck: farbo prepress GmbH, Köln

Bestell-Nr. 12 350

ISBN: 978-3-96624-023-9

Kontakt: Kohl-Verlag, An der Brennerei 37-45, 50170 Kerpen
Tel: +49 2275 331610, Mail: info@kohlverlag.de

Inhalt

Vorwort

Die Methode ist ausschlaggebend für den Erfolg. Unterrichtswerke, die zu kompliziert erklärt werden, lassen viele Schüler/innen die Lust Noten zu lernen, schnell zerplatzen. In diesem Buch lernen die Schüler/innen alle Noten und Pausenzeichen die es gibt. Noten über C3 und unter C1. Taktarten werden leicht erklärt, ebenso verschiedene Tonarten, die Intervalle, Akkordumkehrungen, den Quintenzirkel. Ebenso den Unterschied zwischen Dur und Moll, Rechnen mit punktierten Notenwerten, musikalische Fachausdrücke, den Bassschlüssel, große und kleine Terzen, den vierstimmige Satz, Lieder in anderen Tonarten umzuschreiben bis hin zum Einstieg in das Komponieren nach Akkorden. Hinweis: In diesem Werk wird die Lage der Noten mit Nummern beschrieben, nicht mit Strichen. Es gilt daher: C" = C2.

Sabine Runge

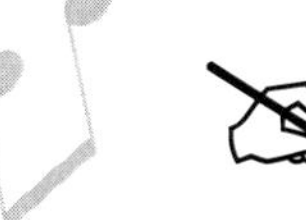

Arbeitsanweisungen für die Schüler

Mit den Begriffen „Schüler" bzw. „Lehrer" sind im ganzen Band selbstverständlich auch die Schülerinnen und Lehrerinnen gemeint, bezeichnet und mit eingeschlossen!

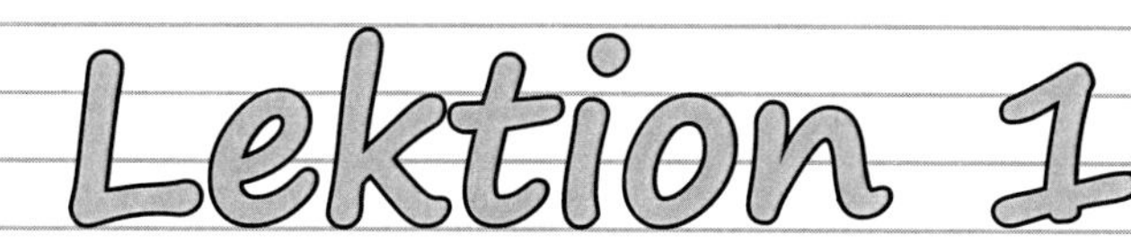

Lektion 1

Wiederholung: Noten- und Pausenzeichen

Oftmals ist es gerade für jüngere Lernenden schwierig, die Notenlängen und Pausenwerte mit ihren Bruchzahlbezeichnungen zu verstehen.

Auf den nächsten Seiten könnt ihr jeweils eine Liste mit allen Noten- und Pausenzeichen sehen. Sie dienen zur Orientierung. Ihr könnt hier nachschauen, wie die Noten- und Pausenzeichen heißen und wie man sie zählt. Die einfache Bezeichnung soll euch das Verstehen erleichtern. Sie benennt gleich den Wert einer Note bzw. einer Pause, indem die Anzahl der Schläge bereits im Namen Verwendung findet. Die Liste hilft euch aber trotzdem dabei, auch die Fachbegriffe zu lernen. Mit der Zeit kennt ihr die Fachbegriffe, mit denen wir ab nun arbeiten.

In der Liste fehlen lediglich die Vierundsechzigstelnote (1/64) und die Vierundsechzigstelpause. Man sieht und braucht sie selten.

So sieht die Vierundsechzigstelnote aus:

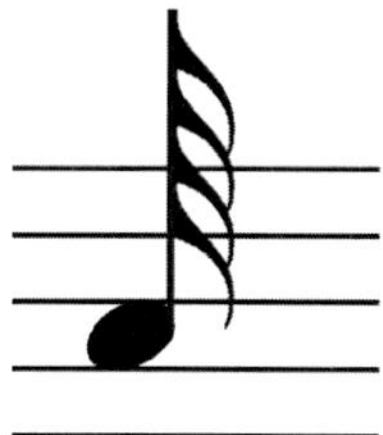

Vierundsechzigstelnote

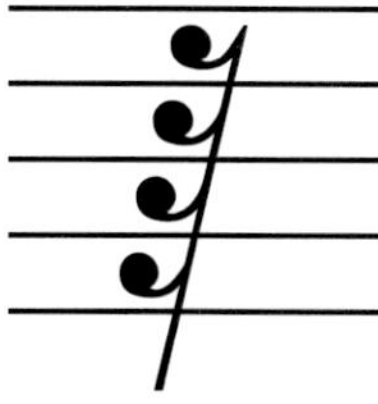

Vierundsechzigstelpause

KOHL VERLAG Notenlehre... leicht verständlich – Bestell-Nr. 12 350

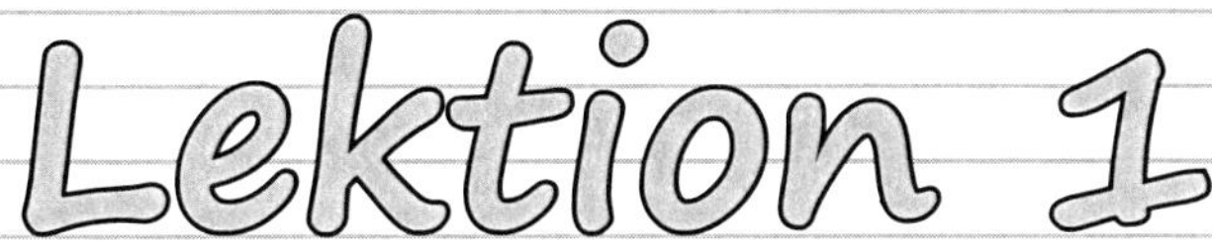

Wiederholung: Notenzeichen

	Zählzeit	fachliche Bezeichnung	einfache Bezeichnung
	sehr, sehr kurz fast nicht hörbar	Zweiunddreißigs-telnote	1/32 Note
	sehr kurz schlecht hörbar	Sechzehntelnote	1/16
	sehr kurz schlecht hörbar	punktierte Sechzehntelnote	1/16 und Note
	kurz hörbar kurz	Achtelnote	1/8 Note
	kurz und	punktierte Achtelnote	1/8 und Note
	1	Viertelnote	Einer Note
	1 und	punktierte Viertelnote	1 und Note
	1-2	Halbe Note	Zweier Note
	1-2 und	punktierte Halbe Note	Dreier Note
	1-2-3-4	Ganze Note	Vierer Note

KOHL VERLAG Notenlehre... leicht verständlich – Bestell-Nr. 12 350

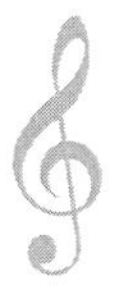

Lektion 1

Wiederholung: Pausenzeichen

	Zählzeit	fachliche Bezeichnung	einfache Bezeichnung
	sehr, sehr kurz fast nicht hörbar	Zweiunddreißigs-telpause	1/32 Pause
	sehr kurz schlecht hörbar	Sechzehntelpause	1/16 Pause
	sehr kurz schlecht hörbar	punktierte Sech-zehntelpause	1/16 und Pause
	kurz hörbar kurz	Achtelpause	1/8 Note
	kurz und	punktierte Achtel-pause	1/8 und
	1	Viertelpause	Einer Pause
	1 und	punktierte Viertel-pause	1 und Pause
	1-2	Halbe Pause	Zweier Pause
	1-2 und	punktierte Halbe Pause	Dreier Pause
	1-2-3-4	Ganze Pause	Vierer Pause

Notenlehre... leicht verständlich – Bestell-Nr. 12 350
KOHL VERLAG

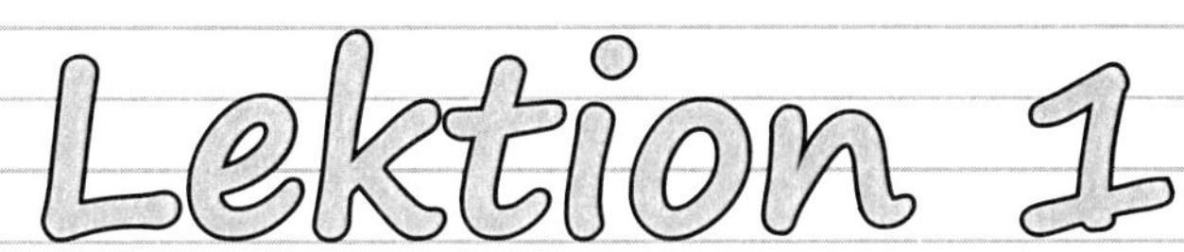

Wiederholung: Noten und Pausen

Wir beginnen zuerst einmal mit einer kurzen Wiederholung aus Band 1*.

Es geht um die Noten von C1 – C3. Man könnte auch mit Strichen neben den Noten arbeiten C" = C2.

Schreibt die passenden Notennamen unter die Noten sowie die Pausennamen unter die Pausen. Denkt daran, dass ab der H1 Note, die auf der dritten Notenreihe liegt, der Notenhals links nach unten zeigt. Das wurde bereits im Band 1 erklärt.

H1 Note: Nur noch einmal zur Erklärung.

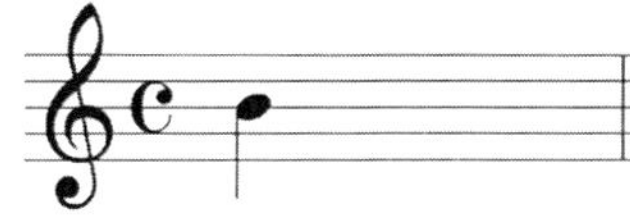

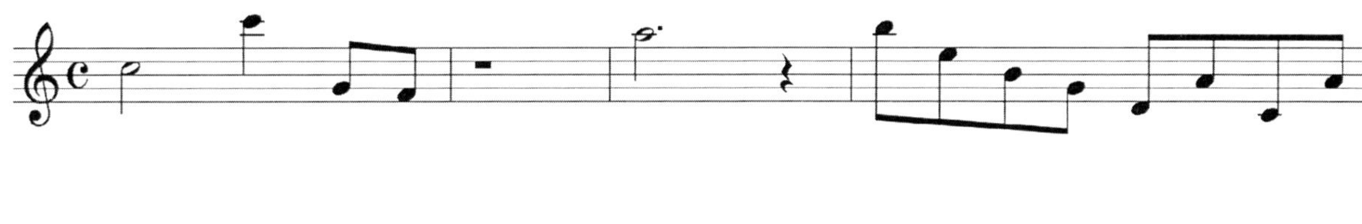

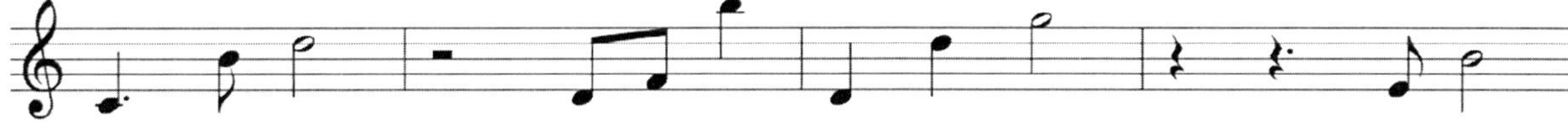

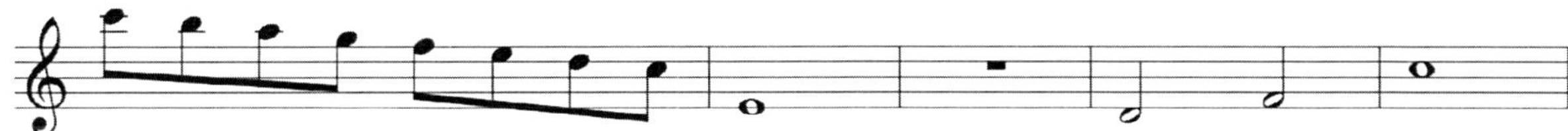

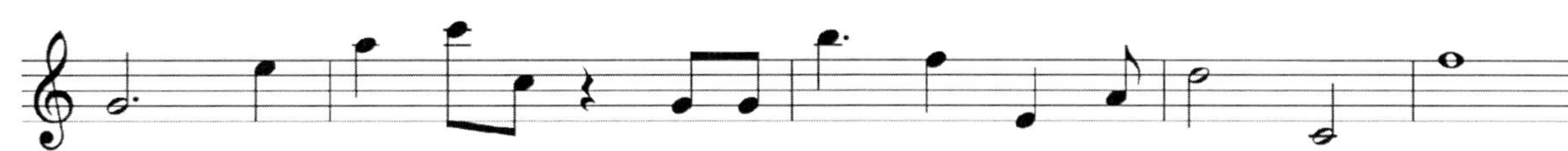

Notenlehre... leicht verständlich – Bestell-Nr. 12 350

KOHL VERLAG

*Noten lernen kinderleicht (Sabine Runge); Kohl-Verlag Best.-Nr. 12 109, ISBN: 978-3-96040-243-5

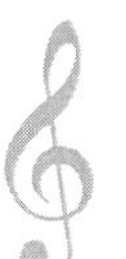

Lektion 2

Noten über C3 und unter C1

Ihr wisst, dass es unten wie oben Hilfslinien gibt. Das Notensystem endet nicht bei C1 oder C3. Es gibt unten wie oben jeweils eine weitere Hilfslinie, sodass es zum Beispiel die Notenbenennungen C3, D3, E3, F3, G3 usw. gibt. Unter dem C1 geht es rückwärts runter. Das tiefe H, A, G, F usw.

Schaut euch das einmal an und schreibt die passenden Notennamen unter die Noten. Wie hoch und wie tief reichen die Noten?

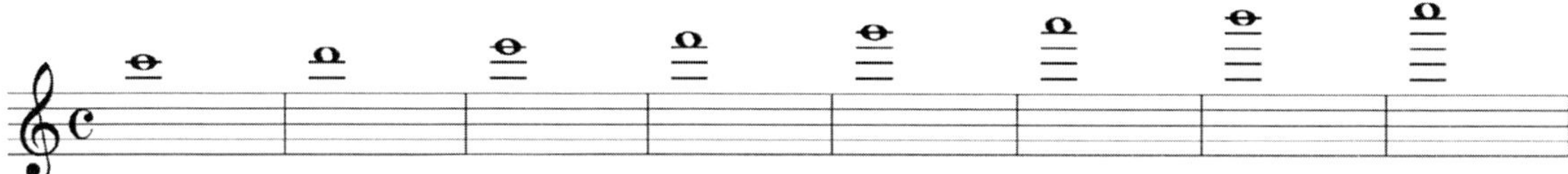

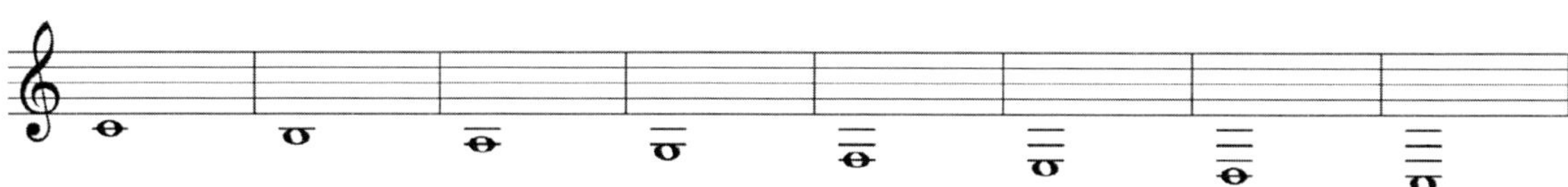

a) *Übt es einmal selbst auf der nächsten Seite mit ganzen Noten.*

Zeichnet die Notenlinien selbst und setzt die Noten von C1 nacheinander runter bis zum tiefen C. Probiert es mit halben Noten aus.

b) *Zeichnet die Notenlinien und setzt die Noten von C3 bis zum C4:*

Probiert es ebenfalls mit halben Noten.

KOHL VERLAG Notenlehre... leicht verständlich – Bestell-Nr. 12 350

Lektion 2

Noten über C3 und unter C1: Übungsseite

Wie sieht das aus?

Würde es sich nun um ein Lied handeln, wüsste man nicht, was man nun am Instrument spielen muss, oder?

Lektion 3

Pausenzeichen zuordnen

Ordne die Pausezeichen richtig zu und finde das Lösungswort.

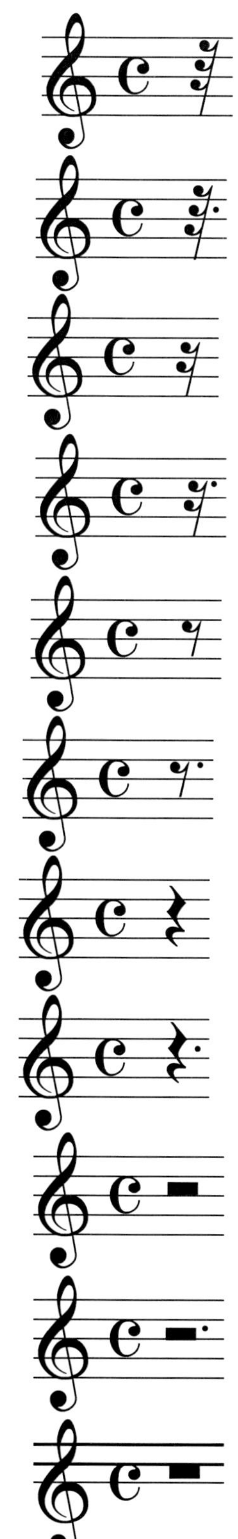

I punktierte 1/16 Pause

T 1/4 Pause

K Ganze Pause

S punktierte 1/8 Pause

M 1/32 Pause

E Halbe Pause

C punktierte halbe Pause

S 1/16 Pause

U punktierte 1/32 Pause

K 1/8 Pause

U punktierte 1/4 Pause

KOHL VERLAG Notenlehre... leicht verständlich – Bestell-Nr. 12 350

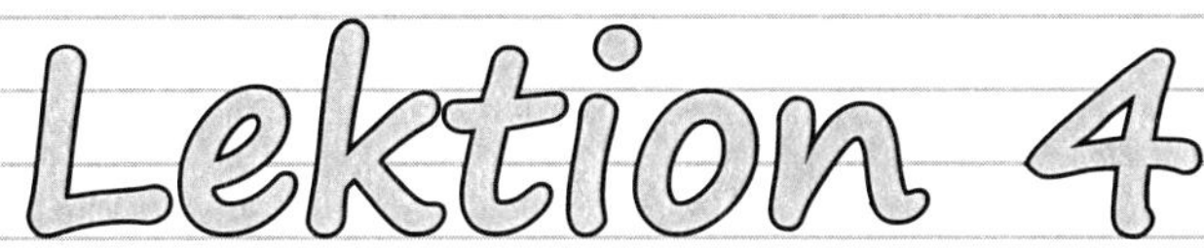

1/32 und 1/16 Noten im 4/4 Takt

Wie viele Noten und Pausen brauchen wir im 4/4-Takt? Ich will euch das am Beispiel mit Zweiunddreißigstelnoten/-pausen und Sechzehntelnoten/-pausen zeigen. Mit Achtelnoten und -pausen habt ihr bereits gearbeitet. Ebenso mit anderen Noten und Pausenwerten. Es gibt noch andere Taktarten.

Von den Zweiunddreißigstelnoten und Zweiunddreißigstelpausen brauchen wir im 4/4-Takt:

32 Stück

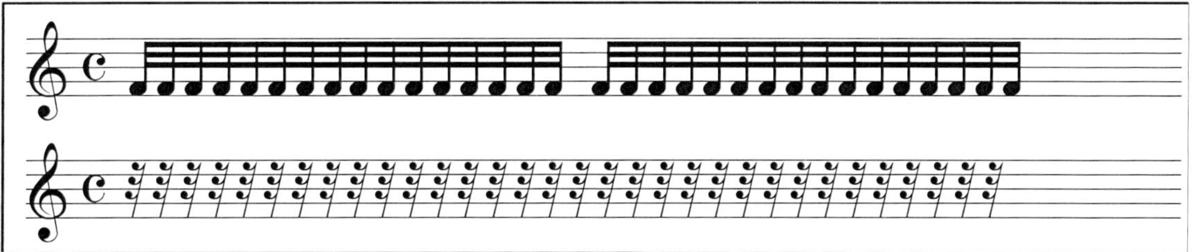

Von den Sechzehntelnoten und Sechzehntelpausen brauchen wir im 4/4-Takt:

16 Stück

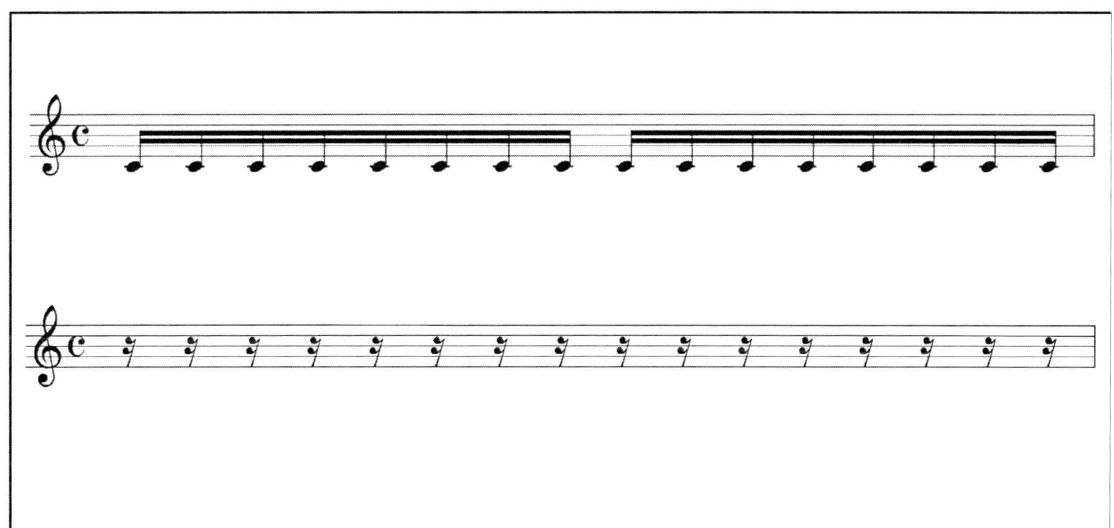

Übt es bitte an der Tafel oder im Notenheft. Das ist nicht schwer.

Notenlehre... leicht verständlich – Bestell-Nr. 12 350
KOHL VERLAG

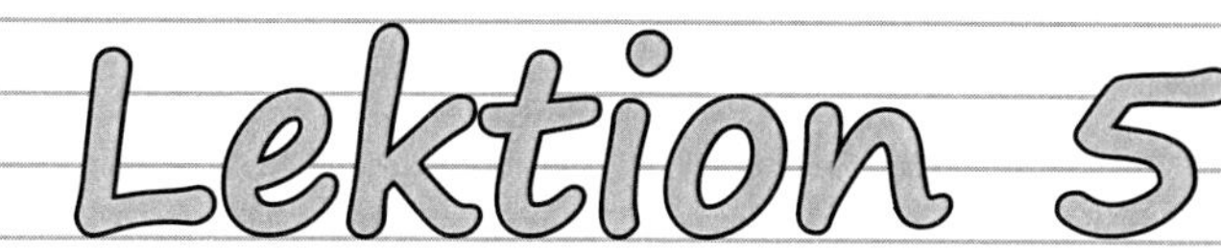

Punktierte Noten

Warum heißen die Noten mit Fähnchen Achtel-, Sechzehntel-, Zweiunddreißigstel- und Vierundsechzigstelnote?

Die Achtelnote besitzt eine Fahne.
Die Sechzehntelnote besitzt zwei Fahnen.
Die Zweiunddreißigstelnote besitzt drei Fahnen.
Die Vierundsechzigstelnote besitzt vier Fahnen.

Man rechnet wie folgt:

Die Achtelnote hat eine Fahne. Rechnet man nun 8 • 2 = 16
➲ Somit hat die Sechzehntelnote zwei Fahnen.

Bei der Zweiunddreißigstelnote rechnet man 16 • 2 = 32
➲ Somit hat die Zweiunddreißigstelnote drei Fahnen.

Bei der Vierundsechzigstelnote rechnet man 32 • 2 = 64
➲ Somit hat die Vierundsechzigstelnote vier Fahnen.

Mit den Pausen ist es genau das gleiche. Nur mit Punkten.

Bevor wir neue Taktarten kennenlernen, widmen wir uns den Punkten hinter den Noten und Pausen. Um verschiedene Taktarten richtig auszufüllen, erkläre ich kurz, was der Punkt hinter einer Note oder Pause bedeutet:

Der Punkt hinter einer Note oder Pause verlängert die Note bzw. die Pause um die Hälfte ihres eigenen Wertes.

Beispiel:

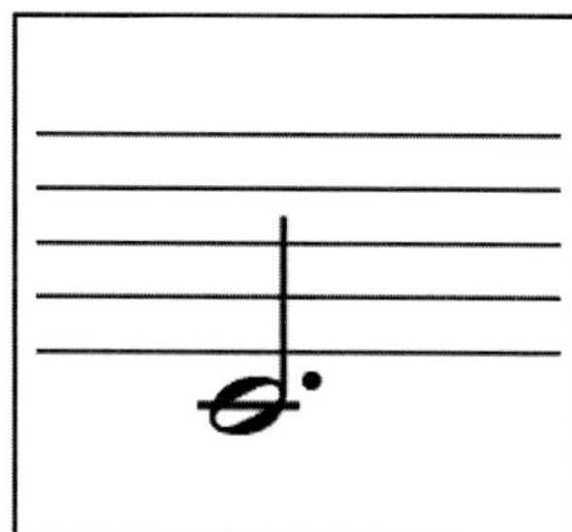

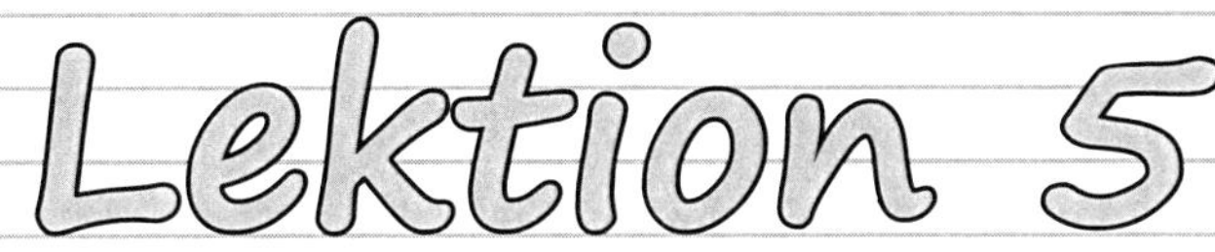

Punktierte Noten

Die **punktierte halbe** Note hat insgesamt drei Schläge – durch den Punkt. Da sie im Grunde eine halbe Note ist, beträgt der eigentliche Wert zwei Schläge. Wir schneiden die Note durch und 1 Schlag = 1/4 Note bleibt übrig. Diesen einen Schlag oder Viertelnote zählt man zum Eigenwert dazu. In diesem Fall ist der Punkt eine Viertelnote.

2 + 1 = 3.

So ist es mit allen Noten und Pausen, die einen Punkt rechts besitzen.

Da solche Noten-Zahlen „krumm" sind, ist es etwas schwieriger, Takte auszufüllen.

Hilfestellung:

Zu einer punktierten Zweiunddreißigstelnote, -pause gehört eine Vierundsechzigstelnote, -pause dazu, um damit leichter rechnen zu können. (3/64)

Zu einer punktierten Sechzehntelnote, -pause kommt eine Zweiunddreißigstelnote, -pause dazu, um damit leichter rechnen zu können. (3/32)

Zu einer punktierten Achtelnote, -pause kommt eine Sechzehntelnote, -pause dazu, um damit leichter rechnen zu können. (3/16) Hier ein Beispiel.

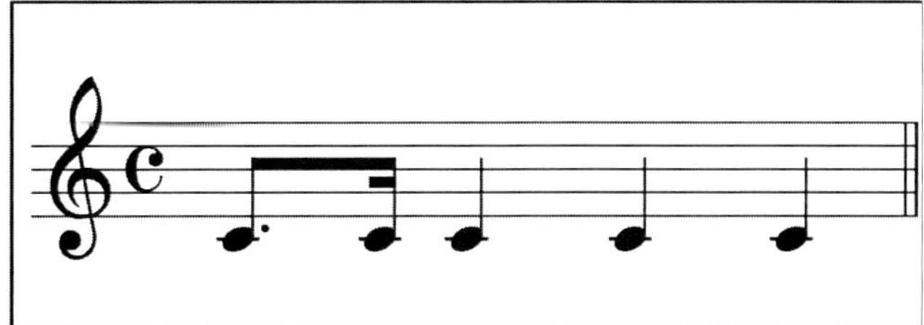

KOHL VERLAG Notenlehre... leicht verständlich – Bestell-Nr. 12 350

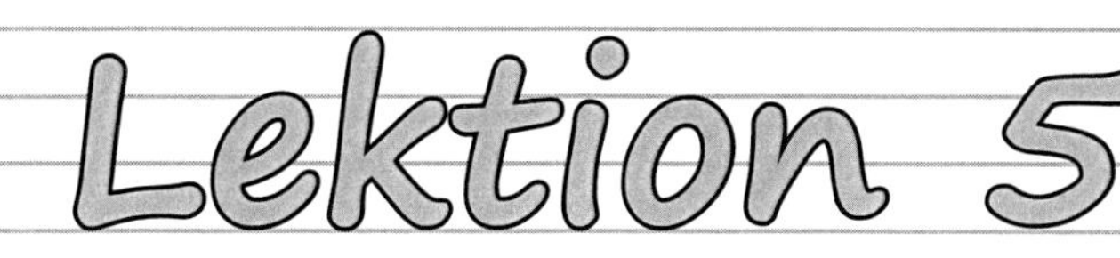

Punktierte Noten

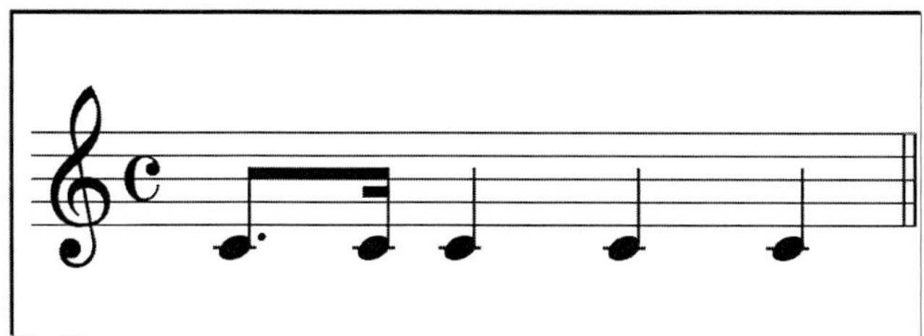

Hierfür zwei Beispiele im 4/4 Takt:

punktierte 1/8 1/16 1/4 1/4 1/4 = 4/4.
Der Takt ist voll ausgefüllt = 4 Schläge.

Erinnere dich:
Punktierte Noten verlängern den Notenwert um dessen Hälfte!
punktierte 1/8 = 2/16 + 1/16 = 3/16

Zu einer punktierten Viertelnote, -pause kommt eine Achtelnote, -pause dazu, um damit leichter rechnen zu können. (3/8)

Um auf einen Schlag zu kommen, fehlen hier noch einige Noten und Pausen.

Wie ihr sehen könnt, kommt immer der nächstkleinere Notenwert dazu. Das ist die einfachste Möglichkeit, Takte auszufüllen. Natürlich kann man bei vielen Noten und Pausen zunächst einen Takt mit mehreren punktierten Noten bzw. Pausen ausfüllen. Jedoch muss man so mehr rechnen, um einen Takt richtig auszufüllen.

Füllt nun einmal selbst mit punktierten Sechzehntelnoten den 4/4-Takt aus. Wie viele punktierte Sechzehntelnoten passen in einen 4/4-Takt? Und welche Note fehlt zum Schluss, um den Takt ganz ausgefüllt zu haben?

Übt es im Notenheft oder an der Tafel.

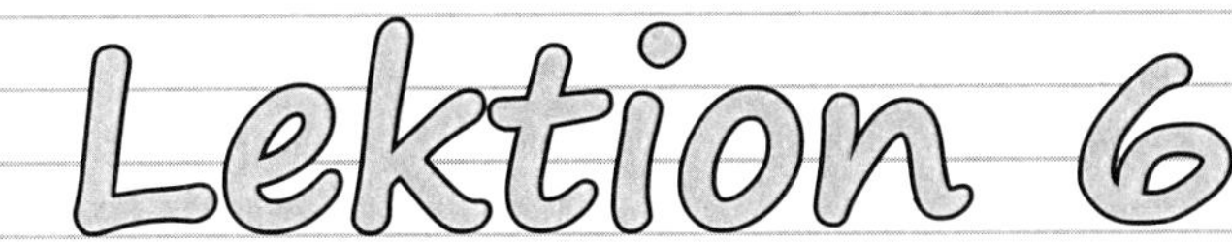

Lektion 6

Staccato

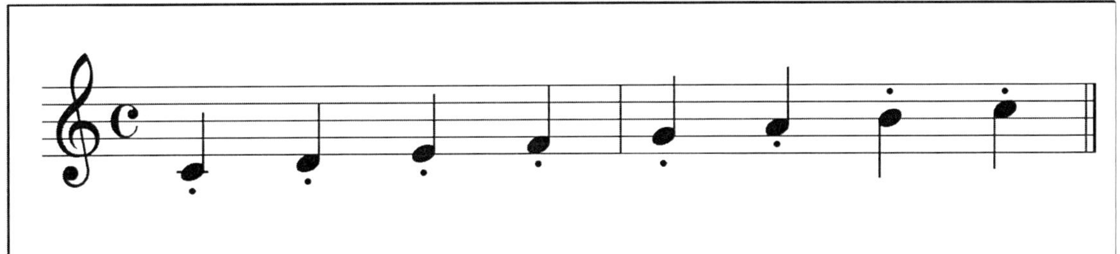

Es gibt auch Punkte unter oder über den Noten. Das nennt sich in der Fachsprache „Staccato“. Die Noten werden sehr kurz und abgehackt gespielt.

Zeichnet nun die Notenlinien und setzt Noten nach Wahl in Staccato ein.

Achtung: Hier kann man nur Viertelnoten oder kürzere Noten nehmen. Eine ganze Note, die man abgehackt spielt, hört man nur sehr kurz.

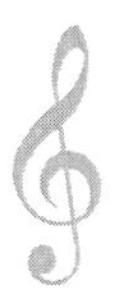

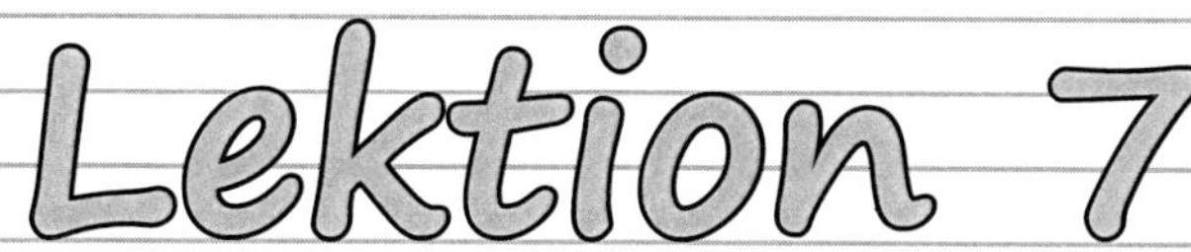

Unterschied zwischen Halte- und Bindebogen

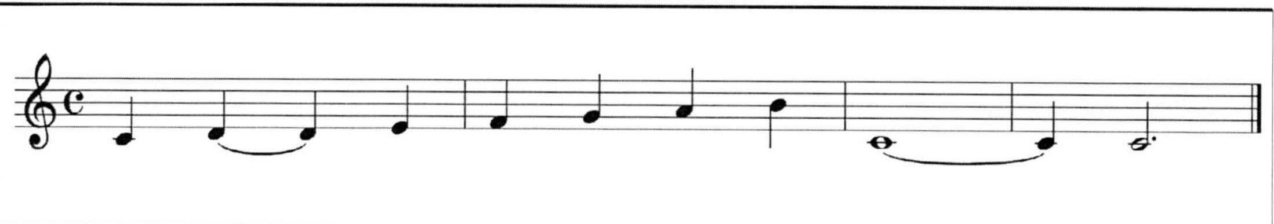

Der Haltebogen hält zwei Noten zusammen, sodass, wie im Takt 3 zu sehen ist, eine Gesamtlänge von 5 Schlägen zu spielen bzw. zu singen ist.

Im ersten Takt ist der Haltebogen sinnlos, da man dort eine halbe Note einsetzen kann. Dennoch kommt so etwas in Musikstücken vor.

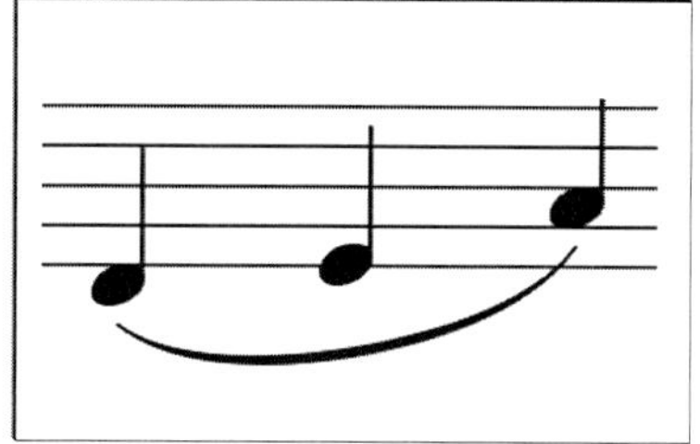

Der Bindebogen ist unter oder über verschiedenen Noten zu sehen. Manchmal wie im Beispiel kurz, manchmal aber auch über mehrere Takte hinweg.

Der Bindebogen wird auch „Legatobogen" genannt. Man spielt oder singt diese Noten sehr gefühlvoll und sanft. Am Instrument soll versucht werden, dass man zum Beispiel die Tasten sehr sanft anschlägt, sodass die Noten fließend gespielt oder gesungen werden. Kein hartes Absetzen von Tasten, um die nächste anzuschlagen.

KOHL VERLAG Notenlehre... leicht verständlich – Bestell-Nr. 12 350

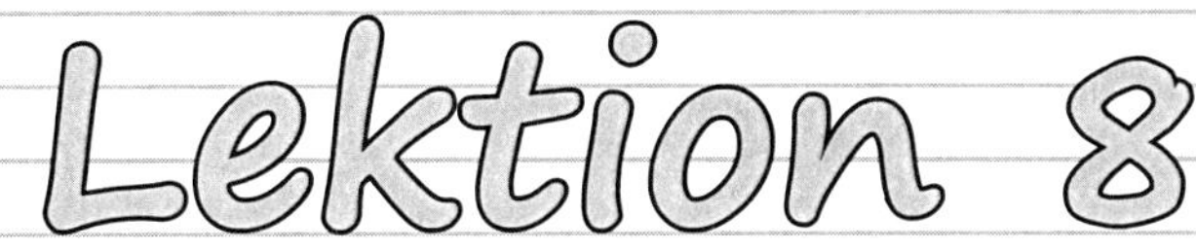

Taktarten

Halbe-Taktarten:	2/2, 3/2, 4/2
Viertel-Taktarten:	2/4, 3/4, 4/4
Achtel-Taktarten:	2/8, 3/8, 4/8, 6/8

Wir arbeiten in diesem Buch aber nur mit folgenden Taktarten:

4/4-Takt → Man zählt: 1-2-3-4

2/2-Takt → Man zählt: 1-2

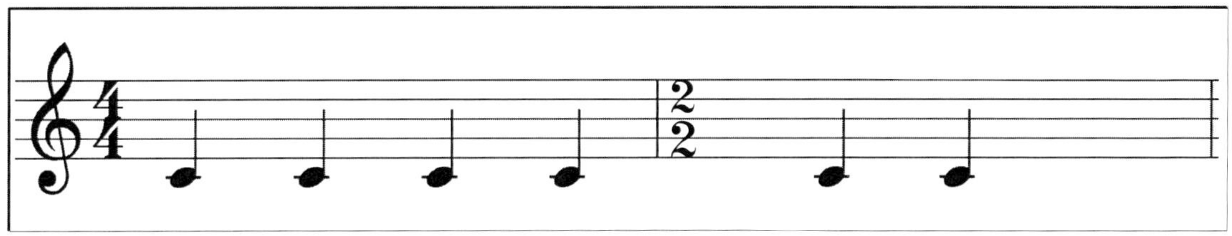

Der 6/8-Takt ist normalerweise die Hälfte des 3/4-Taktes. Aber wer Keyboard spielt, weiß, dass z.B. der Blues-Takt ein 6/8-Takt ist. Man zählt den 6/8-Takt doppelt so schnell wie den 3/4-Takt. Dadurch klingt der Takt rockiger als ein Walzer-Takt.

Im Prinzip ist es der Walzer-Takt, der nur gefühlt anders klingt.

In Noten sieht es so aus:

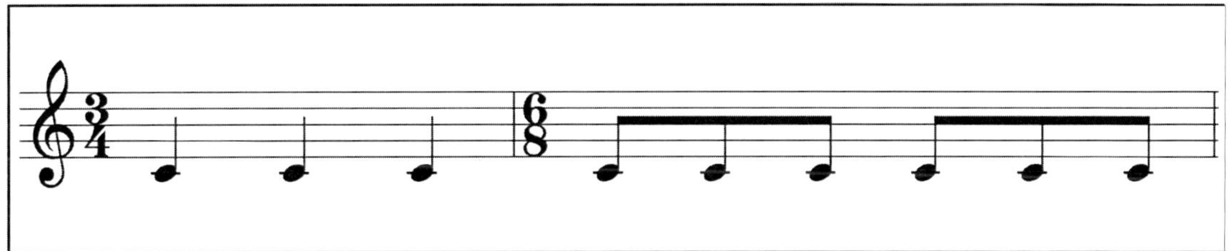

Übt die vier Taktarten an der Tafel oder im Notenheft mit verschiedenen Notenwerten.

Notenlehre... leicht verständlich – Bestell-Nr. 12 350
KOHL VERLAG

Lektion 9

Halbe Töne: „es"- und „is"-Noten

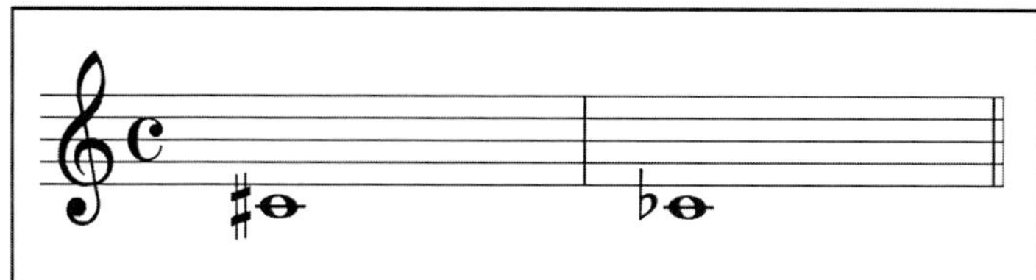

Wir widmen uns nun den halben Tönen. Ihr alle habt schon einmal ein Notenkreuz vor einer Note gesehen bzw. ein kleines b vor einer Note. Die Notenkreuze sitzen genau vor einer Note. Nicht höher und nicht tiefer. Bei dem Notenkreuz zeigen die zwei Querstriche die Note an. Die Notennamen ändern sich nun durch ein Notenkreuz. Bei einem Notenkreuz hängt man ein - is an den Notennamen, und schon wisst ihr, wie die Noten heißen:

C → C**is** D → D**is** E → E**is** F → F**is** G → G**is** A → A**is**
H → H**is** C2 → Cis2 usw.

So sehen die Noten im Notensystem aus:

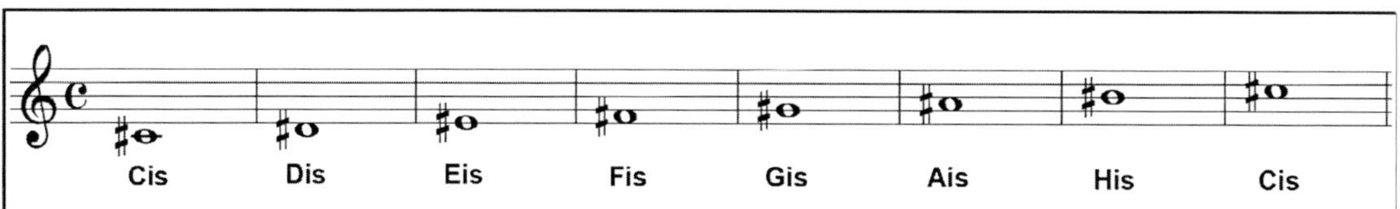

Zeichnet die Notenlinien und malt die Noten als halbe Noten von Cis1 zu Cis2 nach.

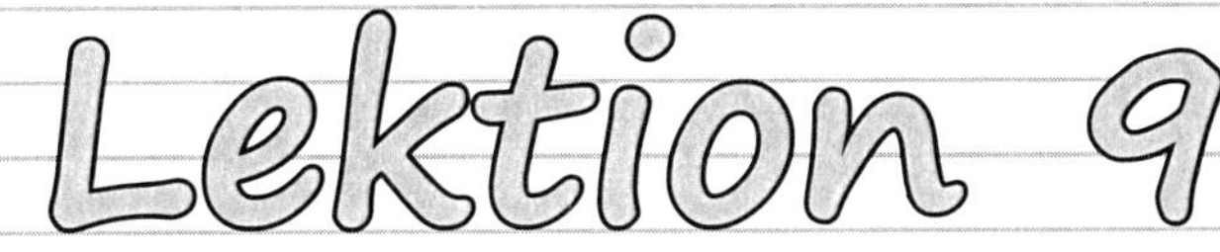

Halbe Töne: „es“- und „is“-Noten

Die Notennamen ändern sich durch das b. Bei einem b vor der Note hängt man ein **„es“** an den Notennamen und schon wisst ihr, wie die Noten heißen.

C → C**es** D → D**es** E → E**es/Es** F → F**es** G → G**es**

A → A**es/As** H → **b** C2 → C**es**2 usw.

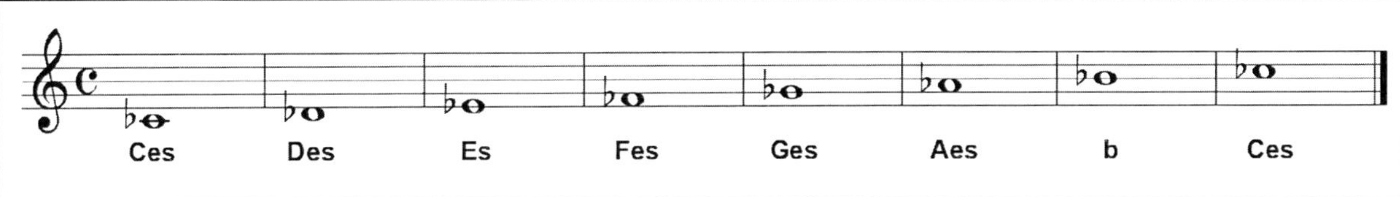

So sehen die Noten im Notensystem aus. Die Note b wird immer als kleiner Buchstabe b geschrieben. Bei dem b zeigt uns der Bauch die Noten an. Der Bauch der b Noten sitzt genau vor den Noten. Nicht höher und nicht tiefer. Bei den b Noten zeigt der Bauch die Note an. Denn später sieht man nur noch am Anfang des Notensystems ein # oder ein b. Dazu später mehr.

Zeichnet die Notenlinien und malt die Noten von Ces1 bis Ces2 als 1/4 Noten nach.

KOHL VERLAG Notenlehre... leicht verständlich – Bestell-Nr. 12 350

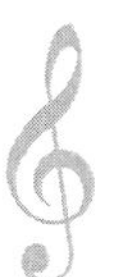

Lektion 9

Halbe Töne: „es“- und „is“ - Noten

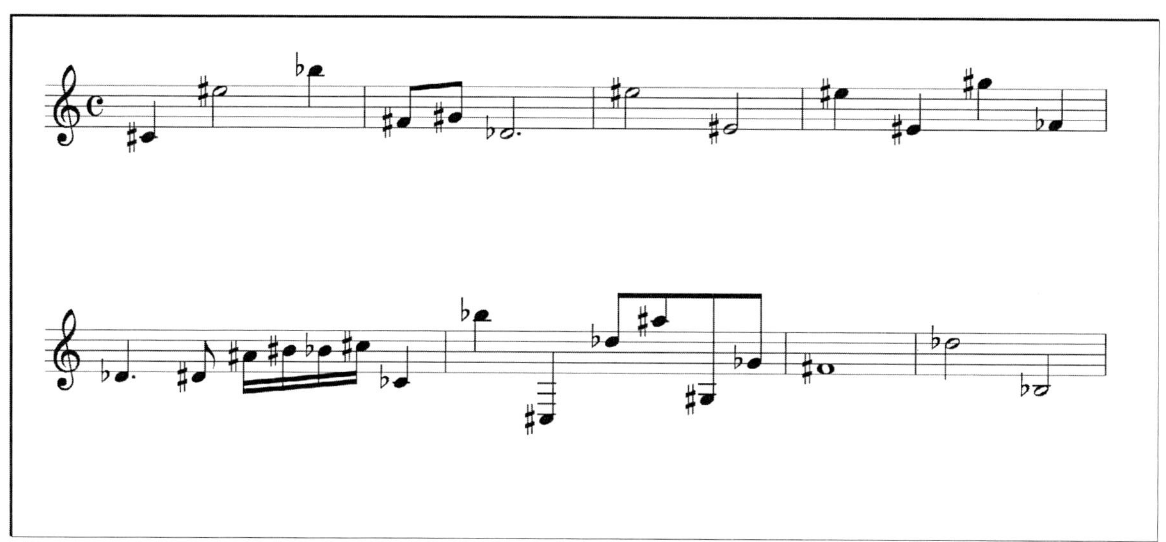

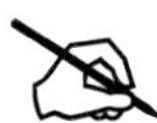 *Schreibt die Noten mit den Notenwerten unter die Noten.*

 *Nun zeichnet folgende Noten im Notenheft ein:*

Gis4	(als ganze Note)
b2	(als halbe Note)
tiefes Ais	(als Sechzehntelnote)
Ges	(als punkt. Viertelnote)
Dis	(als Achtelnote)
Eis	(als Viertelnote)
His4	(als punkt. Achtelnote)
Des2	(als Sechzehntelnote)
Cis3	(als punkt. halbe Note)
Gis2	(als ganze Note)
As	(als 1/32 Note)
Fis2	(als punktierte Achtelnote)
Dis3	(als 1/64 Note)

KOHL VERLAG Notenlehre... leicht verständlich – Bestell-Nr. 12 350

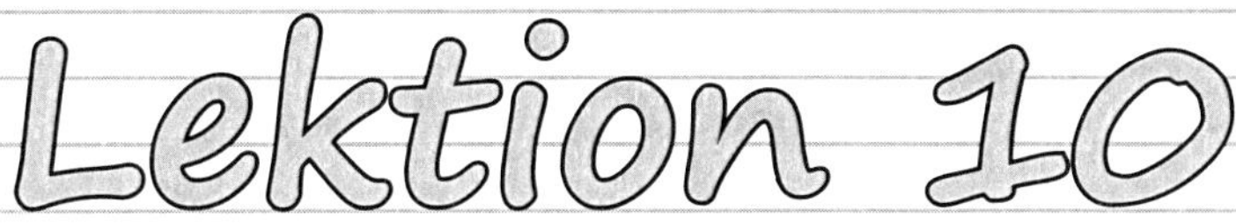

♯ oder b am Anfang des Notensystems

Nun seht ihr am Anfang des Notensystems zwei Notenkreuze.

Wie heißen die Noten?

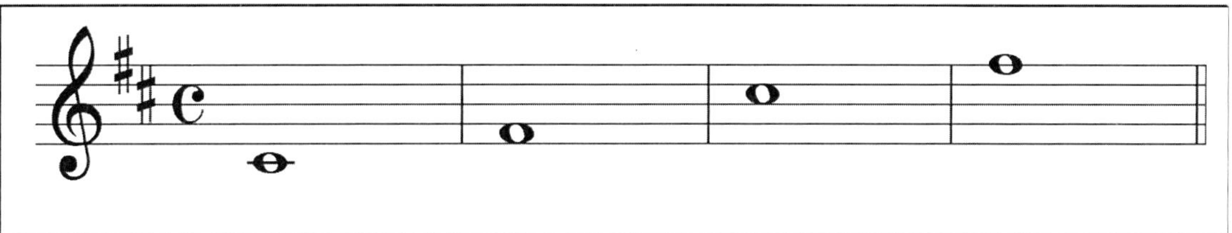

Hier werden alle C- und F-Noten zum Cis und zum Fis, egal in welcher Oktave sie sich befinden. Ihr müsst genau schauen, was für Vorzeichen sich am Anfang der Notenreihe befindet. Schreibt bitte die Notennamen unter die Noten.

Nun seht ihr am Anfang des Notensystems zwei b.

Wie heißen die Noten?

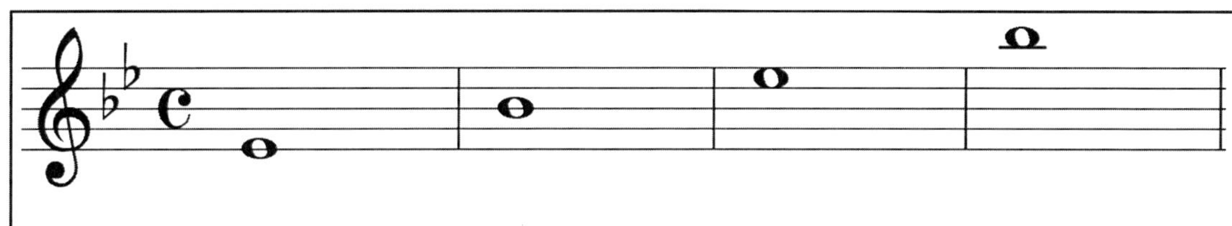

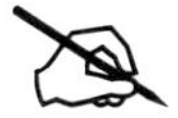 *Schreibt die Notennamen unter die Noten.*

Hier werden alle H-Noten zum b und alles E-Noten zum Es.

Übungen können nun an der Tafel oder im Notenheft erfolgen. Auch mit Pausen und anderen Zeichen wie dem G-Schlüssel, Wiederholungszeichen oder Ende-Zeichen.

Das Auflösungszeichen ♮

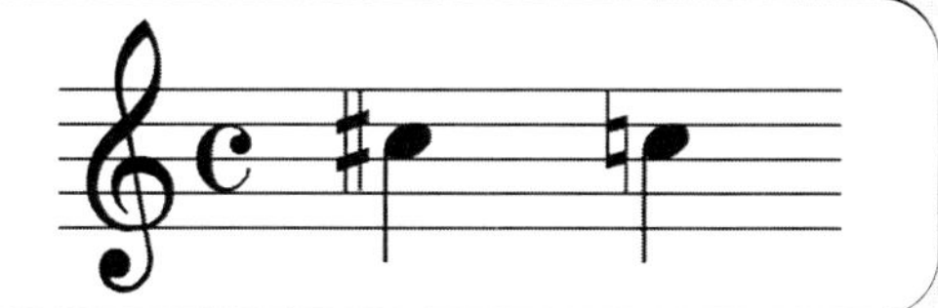

Wie es das Wort schon sagt, wird hier das Cis2 aufgelöst und man spielt ein C2.

Notenlehre... leicht verständlich – Bestell-Nr. 12 350
KOHL VERLAG

Lektion 11

Tonschritte

Warum gibt es diese Noten mit einem Notenkreuz oder b? Wer ein Tasteninstrument spielt, weiß, dass es weiße und schwarze Tasten gibt. Werden nur die schwarzen Tasten anders benannt als die weißen Tasten? NEIN. Das hat etwas mit Tonschritten und Tonleiter zu tun.

Widmen wir uns den Tonschritten:

Es gibt ganze und halbe Tonschritte.

Am Klavier sieht es so aus.

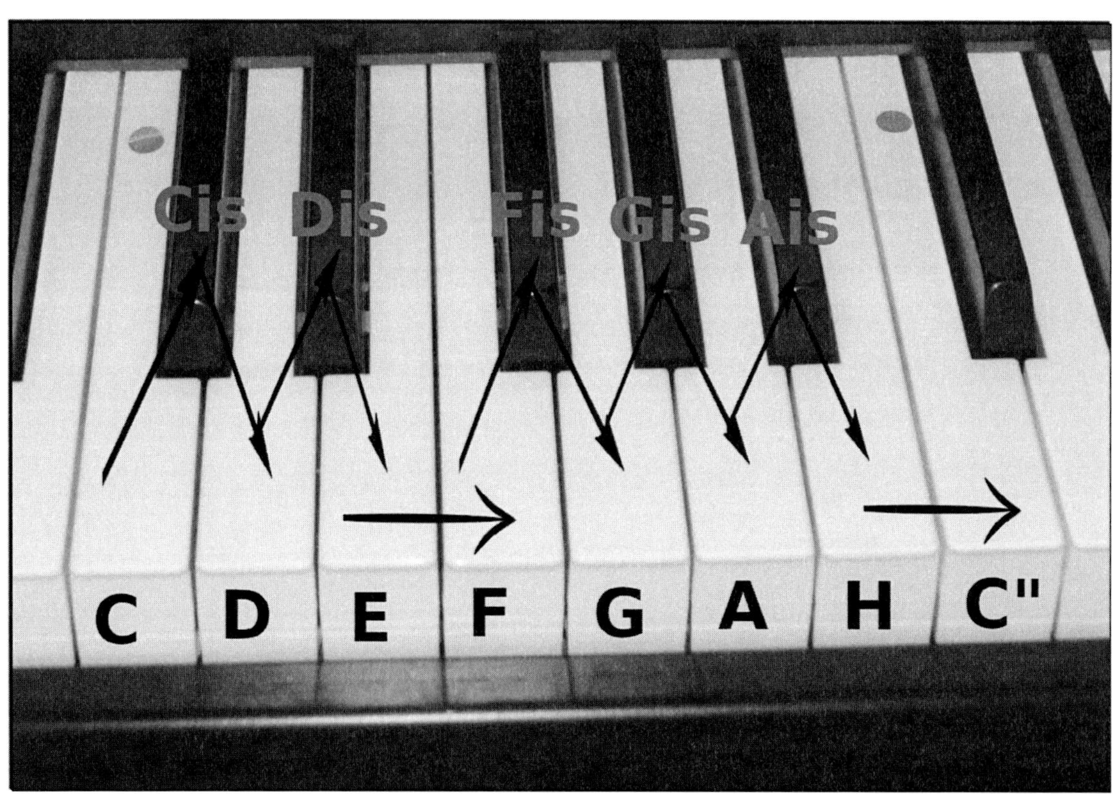

Hier kann man es gut sehen. Vom C zu Cis ist ein halber Tonschritt.

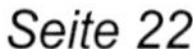

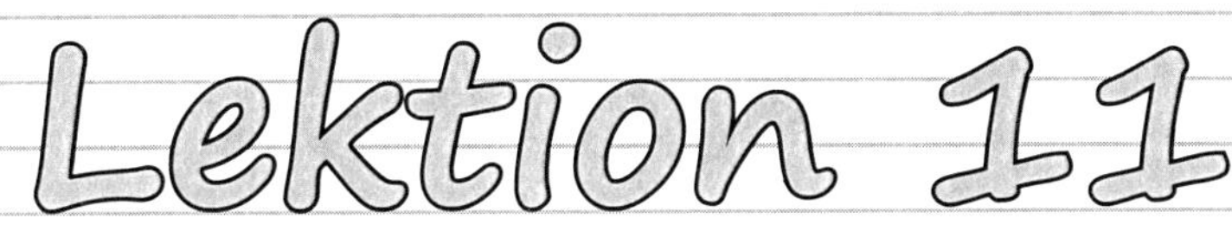

Tonschritte

Vom Cis zum D ist ein halber Tonschritt. Den Pfeilen nach ist dann vom C zum D ein ganzer Tonschritt.

Vom D zum Dis ist es ein halber Tonschritt.

Vom Dis zum E ist es ein halber Tonschritt.

Nun seht ihr die Noten E und F. Weil dort keine schwarze Taste zwischen den zwei Noten liegt, ist es ebenfalls ein halber Tonschritt.

Vom F zum Fis ist es ein halber Tonschritt.

Vom Fis zum G ist es ein halber Tonschritt.

Vom G zum Gis ist es ein halber Tonschritt.

Vom Gis zum A ist es ein halber Tonschritt.

Vom G zum A ist es ein ganzer Tonschritt.

Vom G zum Ais sind es eineinhalb Tonschritte.

Vom Ais zum H ist es ein halber Tonschritt.

Nun seht ihr die Note H und C2. Weil dort keine schwarze Taste zwischen den zwei Noten liegt, ist es ebenfalls ein halber Tonschritt. Das gilt ebenso für alle weiteren Oktaven.

Ein weiteres Beispiel zur Verständigung.

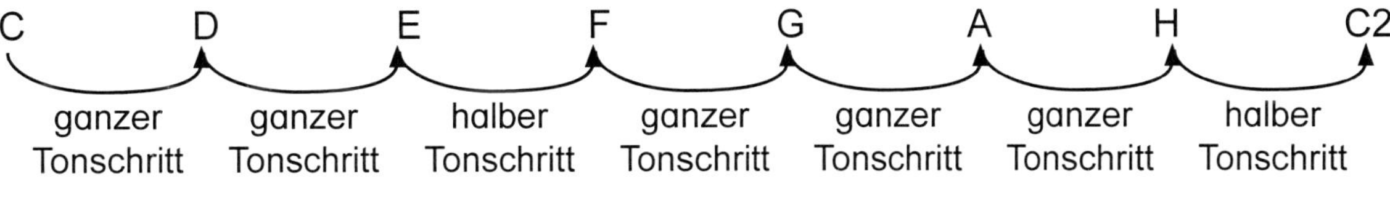

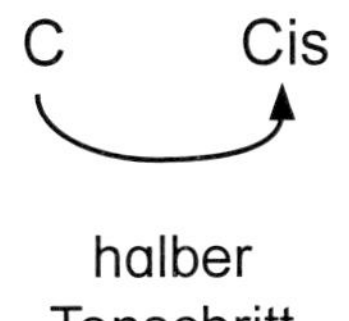

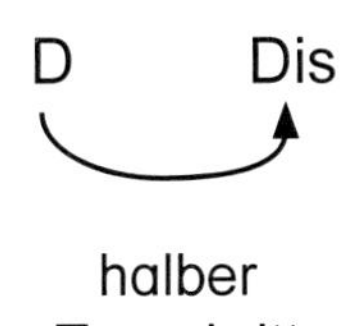

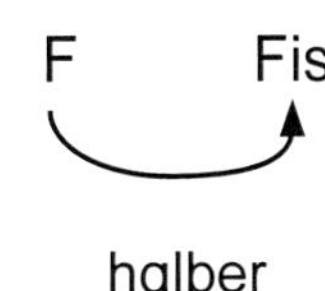

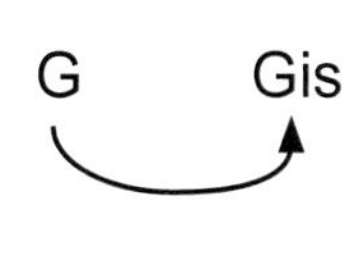

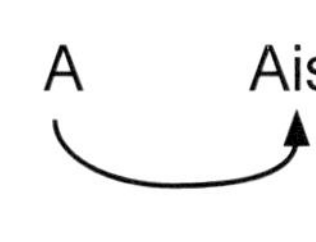

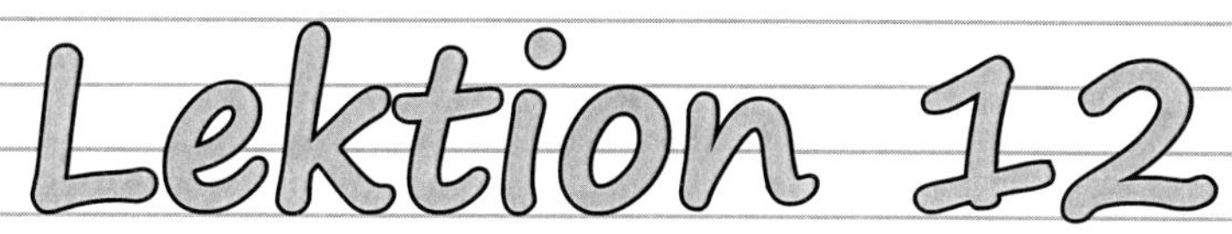

Tonleiter richtig schreiben

Bei allen Dur-Tonleitern gibt es zwischen der dritten und vierten Stufe sowie der siebten und achten Stufe einen Halbtonschritt.

So sind alle Dur-Tonleitern aufgebaut.

C-Dur Tonleiter.

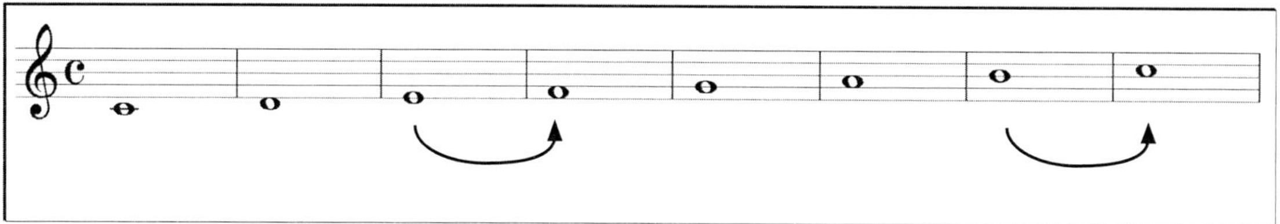

Hier könnt ihr es noch einmal per Notenschrift sehen.

Bei einer Dur-Tonleiter liegen diese Halbtonschritte zwischen der dritten und vierten Stufe und der siebten und achten Stufe. Merkt euch die Halbschritttöne 3 und 4 sowie 7 und 8. So findet ihr bei jeder Tonlage die richtigen Töne und die richtigen Vorzeichen.

Nun üben wir an drei Dur-Tonleitern.

Zeichne jeweils die Pfeile bei der 3. und 4., sowie 7. und 8. Stufe ein. Schreibe die richtigen Vorzeichen zu den jeweiligen Tonleitern.

<u>Die G-Dur Tonleiter</u>. Die Noten werden vom ersten G bis zum G2 gezeichnet. Du siehst das hier im Kasten. Aber Achtung: Hier fehlt doch das Vorzeichen!?!

G-Dur

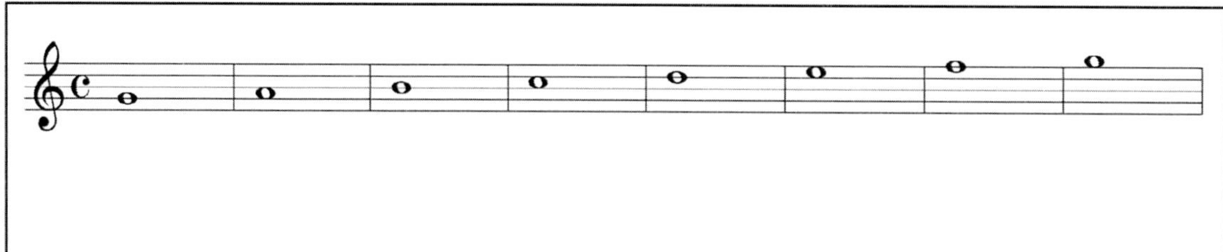

KOHL VERLAG Notenlehre... leicht verständlich – Bestell-Nr. 12 350

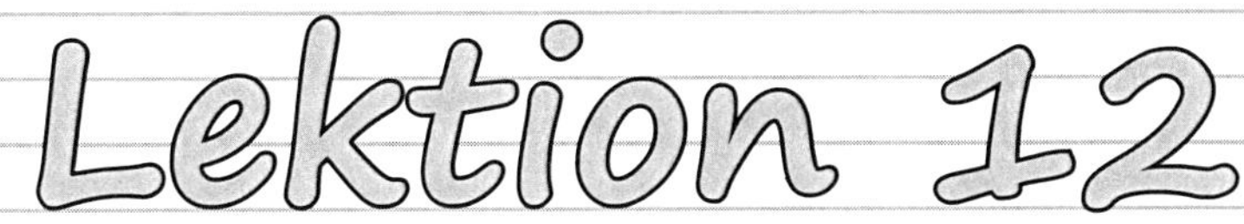

Tonleiter richtig schreiben

Die F-Dur Tonleiter. Die Noten werden vom ersten F bis zum F2 gezeichnet. Aber Achtung: Hier fehlt doch das Vorzeichen!?!

F-Dur

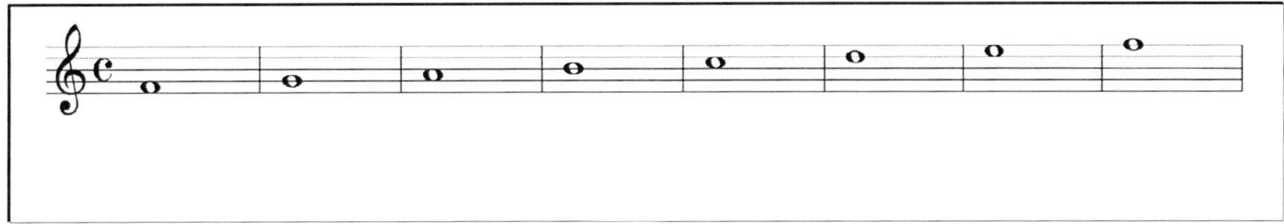

Durch die Halbschritttöne klingt die Tonleiter richtig. Wer ein Tasteninstrument spielt, kann diese zwei Tonleitern vorspielen. Einmal ohne Vorzeichen und einmal mit den richtigen Vorzeichen.

Hört mal genau hin. Ohne Vorzeichen klingen die zwei Tonleitern schief.

Die A-Dur Tonleiter. Die Noten werden vom ersten ____ bis zum ____ gezeichnet.

Zeichne die Noten der A-Dur Tonleiter ein. Trage dann die Pfeile an den richtigen Stellen ein und bestimme schließlich noch das korrekte Vorzeichen.

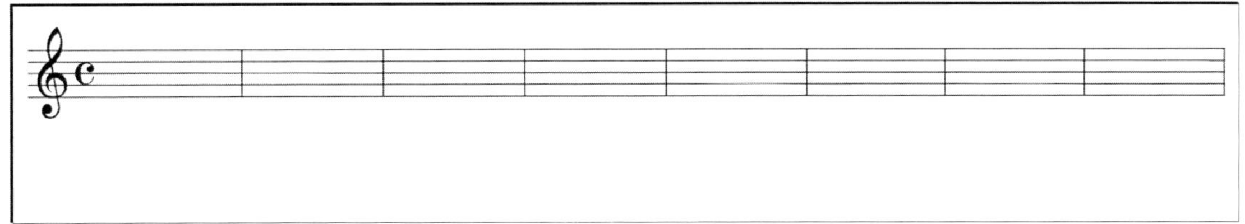

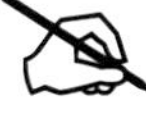

Versuche weitere Tonleitern deiner Wahl zu schreiben.

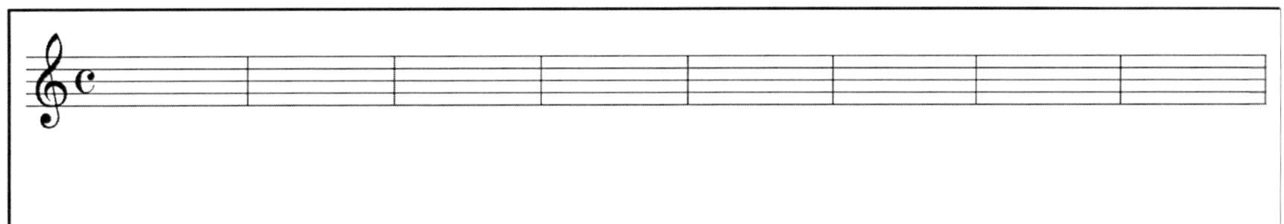

KOHL VERLAG Notenlehre... leicht verständlich – Bestell-Nr. 12 350

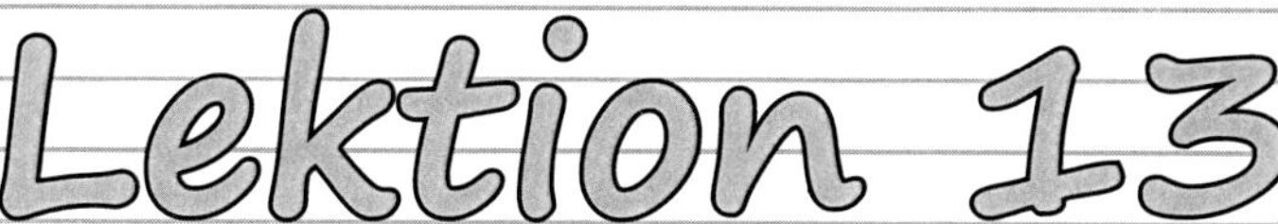

Lektion 13

Intervalle

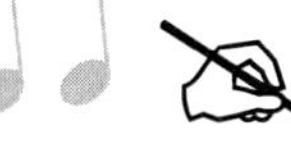

Schreibt neben die Notenreihen, ob es sich um eine Terz, Quarte usw. handelt. Die Intervalle können überall im ganzen Notensystem liegen. Wie hier im Beispiel ***Oktave = 8 Tonschritte****:*

(c - d - e - f - g - a - h - c, dabei gilt das erste c direkt als Tonschritt 1)

Quarte = 4 Quinte = 5 Prime = 1

Sept = 7 Sekunde = 2 Sext = 6

Terz = 3

Tonabstand	Tonschritte	Fachausdruck
	8	Oktave

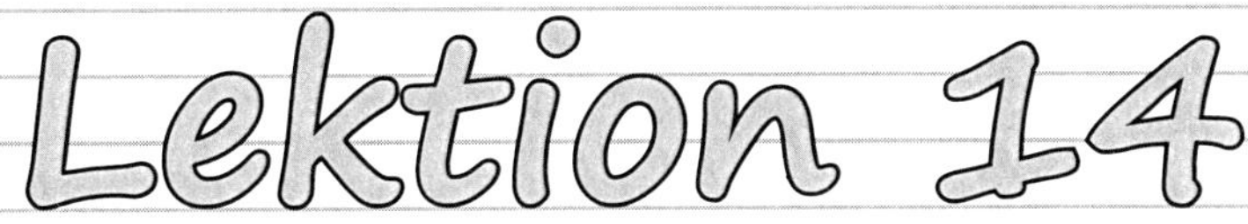

Lektion 14

Tonhörübungen

Euer Lehrer kann nun verschiedene Einzelnoten am Instrument spielen. Hört genau hin. Welche Note ist höher oder tiefer? Schreibt hier auf dem Blatt die Töne auf: H für höher und T für tiefer.

Notenlehre... leicht verständlich – Bestell-Nr. 12 350

KOHL VERLAG

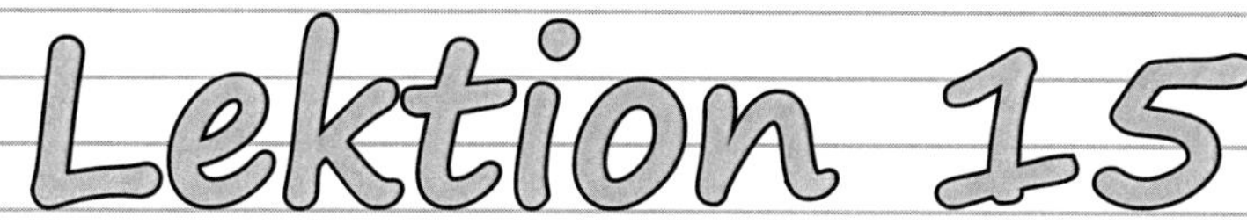

Große und kleine Terz im Dur- und Moll-Dreiklang

Vom Hören her klingt ein Lied in Dur fröhlich, poppig, lustig. In Moll klingt ein Lied traurig, melancholisch.

Unterschied zwischen Dur und Moll:

Dur: große Terz gefolgt von kleiner Terz
Moll: kleine Terz gefolgt von der großen Terz

Wenn unten die große Terz liegt und oben die kleine Terz, ist es ein Dur-Dreiklang. Wenn unten die kleine Terz liegt und oben die große Terz, ist es ein Moll-Dreiklang.

Auf der nächsten Seite seht ihr drei Noten übereinander liegend. Das sind sogenannte Dreiklänge.

Die Noten liegen in diesem Beispiel entweder auf einer Linie oder im Zwischenraum. Nur was ist nun Dur oder Moll?

Eine große Terz besteht aus zwei Noten, wobei man drei ganze Tonschritte hat. C - D - E. Hier liegt kein halber Tonschritt dazwischen. Das ist eine große Terz in Dur. Über der E-Note liegt die G-Note. Von der E-Note zur G-Note sind es ein halber Tonschritt zum F und dann ein ganzer Tonschritt zum G. Das ist eine kleine Terz E - F - G. Der erste Dreiklang hat also zuerst eine große Terz, gefolgt von einer kleinen. Somit ist es ein Durdreiklang oder Dur-Akkord.

KOHL VERLAG Notenlehre... leicht verständlich – Bestell-Nr. 12 350

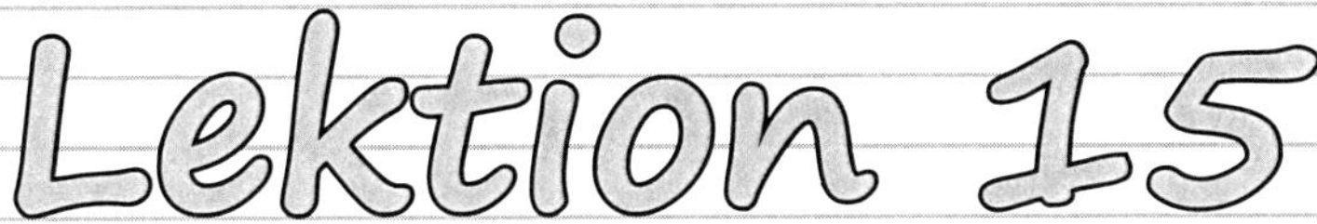

Große und kleine Terz im Dur- und Moll-Dreiklang

Anhand der großen und kleinen Kreise könnt ihr euch die Terzen besser merken. Schreibt nun unter die Noten, ob es D für Dur oder m für Moll ist.

Die Dreiklänge können auch mit einem Notenkreuz oder b versehen sein. Bei einem Notenkreuz sagt man auch, das ist eine übermäßige Terz. Bei einem b eine verminderte Terz. Der Dreiklang in der Grundtonart wird Tonika genannt.

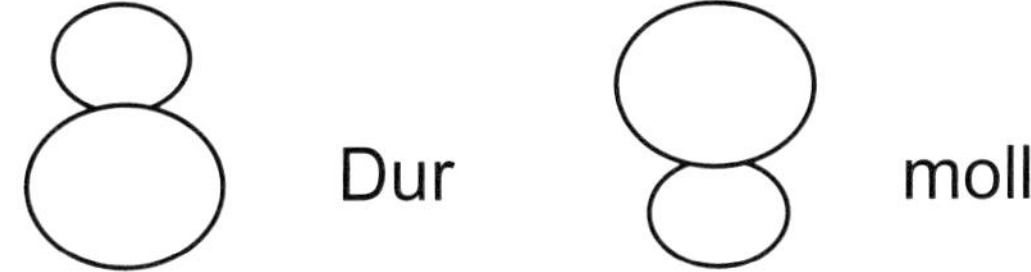

Hier seht ihr 12 Beispiele für Dur-Dreiklänge. Übt nun selbst große und kleine Terzen.

Denkt daran: eine große Terz unten, dann ist es immer ein Dur. Auch wenn # oder b vor einer Note steht, schaut genau, ob ihr drei ganze Tonschritte habt oder nicht.

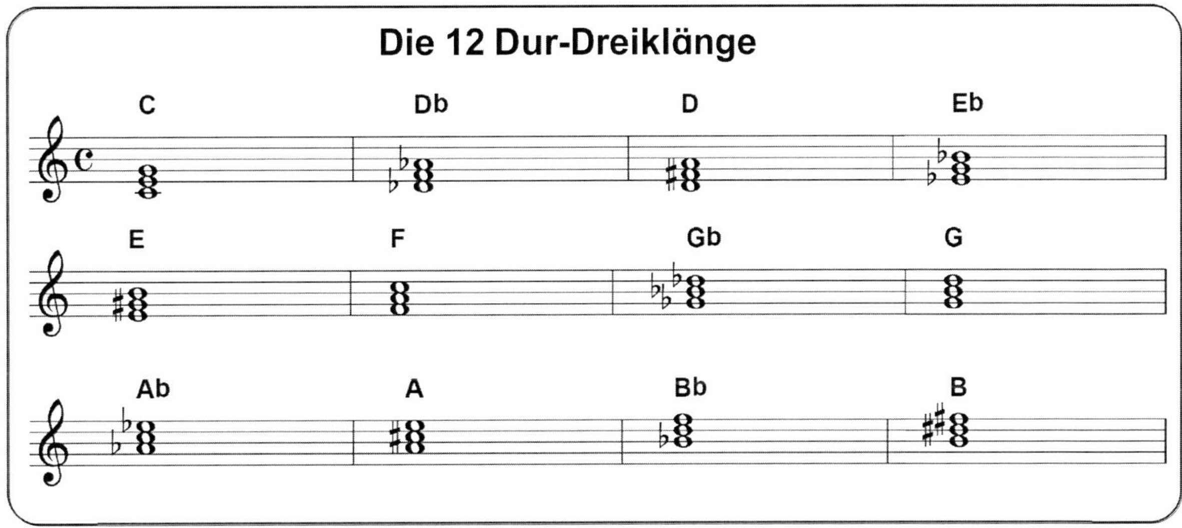

Bei Moll umgekehrt. Unten ist die kleine Terz, die aus 2½ Tonschritten besteht.

KOHL VERLAG Notenlehre... leicht verständlich – Bestell-Nr. 12 350

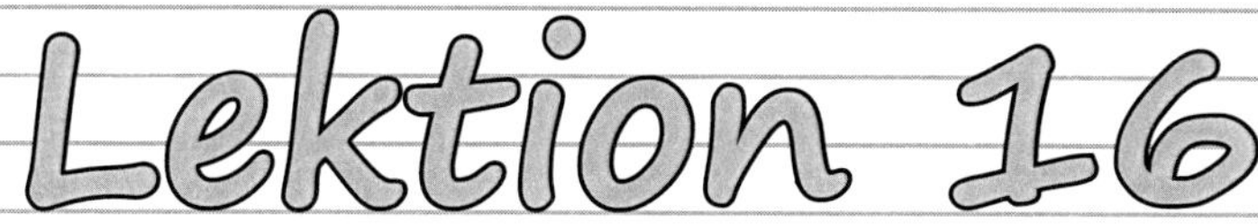

Einführung in den Quintenzirkel

Der Quintenzirkel ist leichter zu lernen, als man denkt. Binnen fünf Minuten habt ihr den Quintenzirkel verstanden. Glaubt ihr nicht? Ich bin ganz sicher, dass er leicht und schnell zu lernen ist.

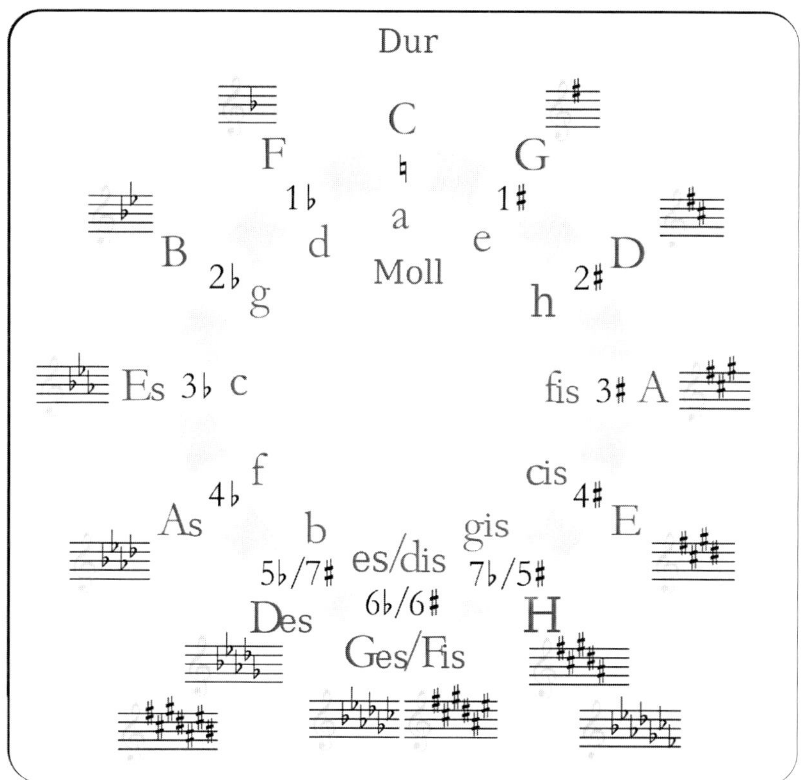

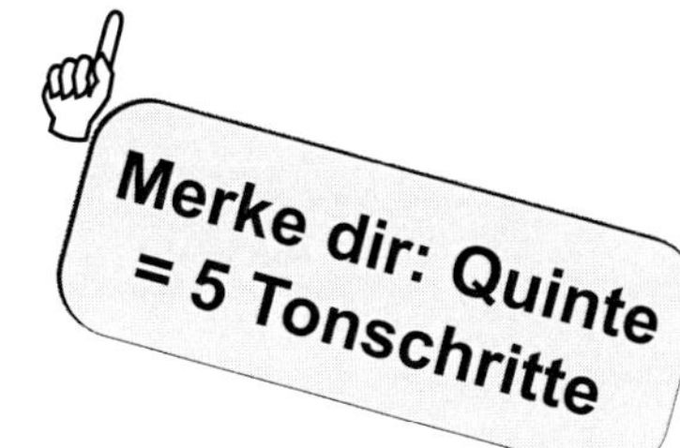

Schüler fragen oft, warum nach C-Dur rechts im Quintenzirkel G-Dur erscheint und nicht F-Dur oder etwas anderes. Das ist leicht zu erklären.

Im Intervall habt ihr die Quinte kennengelernt. 5 Tonschritte sind eine Quinte.

Wir nehmen nun die C-Dur-Tonleiter und schieben diese gedanklich eine Quinte – also 5 Tonschritte – höher. Schaut einmal her!

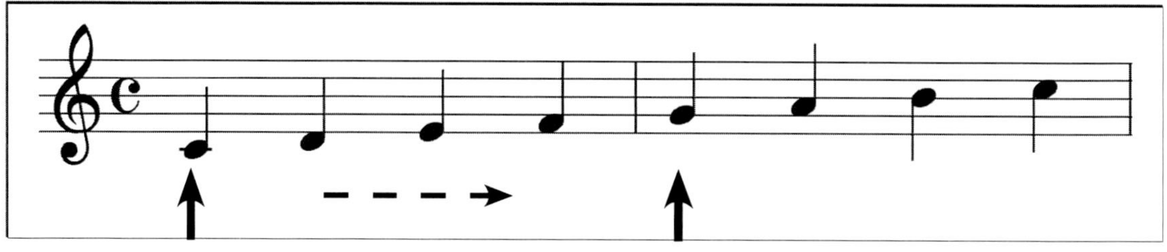

C-Dur besitzt keine Vorzeichen.

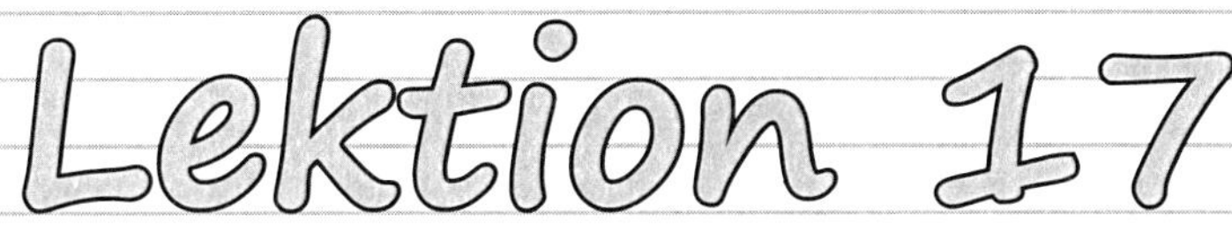

Lektion 17

Quintenzirkel: ➾ Dur mit #

Ich habe die Tonleiter gedanklich von C aus 5 Schritte hochgeschoben. Übrig bleibt demgemäß die G-Note. Die nächste Tonleiter heißt somit: G-Dur.
Dann wird G-Dur gezeichnet und wiederum schiebt ihr gedanklich die Tonleiter eine Quinte höher. Wie lautet dann die nächste Tonleiter?

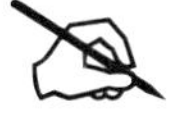

Zeichnet bei allen Tonleitern einen Pfeil ein oder umkreist die Note.
G-Dur = 1# (fis)

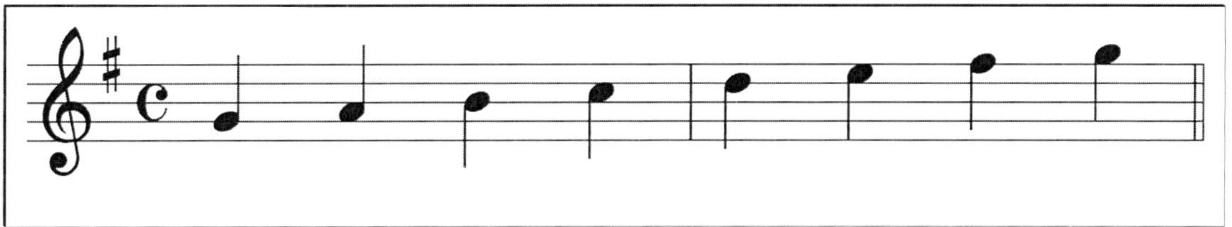

Nun seht ihr am Anfang der Notenreihe ein Notenkreuz. Das wurde durch die Halbtonschritte schon erklärt. Durch die halben Stufen 3/4 und 7/8 klingen die Tonleitern richtig. Eventuell könnt ihr das an einer Tastatur üben oder auf Seite 23 sehen. Jede neue Tonleiter besitzt ein Notenkreuz mehr.

Spielt man nun ein Lied, muss man die Notenkreuze oder b am Anfang der Notenreihen beachten. Jede F-Note, ob sie in der ersten, zweiten oder dritten Oktave liegt, wird als Fis gespielt. Es sei denn, ein Auflösungszeichen ist zu sehen.

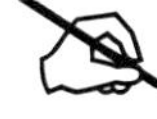

Zeichnet hier einen Pfeil ein und ihr wisst welche Tonleiter der nächste ist.

D-Dur = 2# (cis, fis)

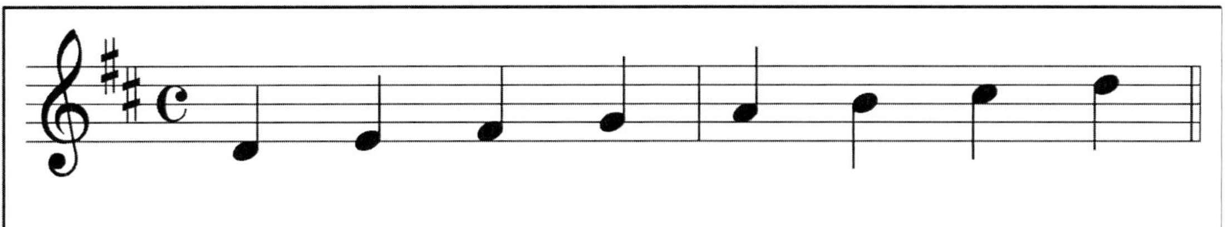

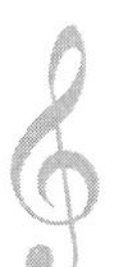

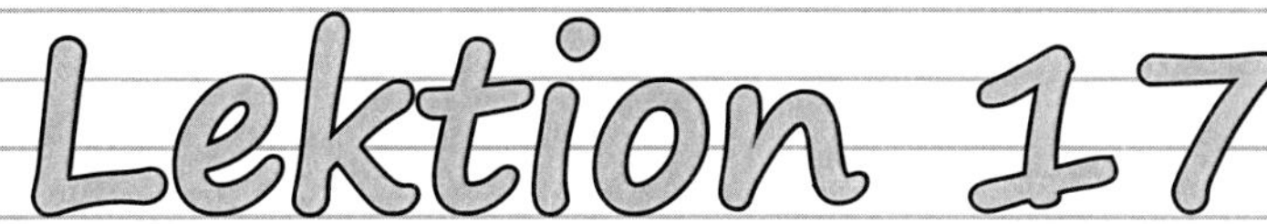

Lektion 17

Quintenzirkel: ➾ Dur mit #

Nach D-Dur folgt A-Dur = 3# (cis, fis, gis)

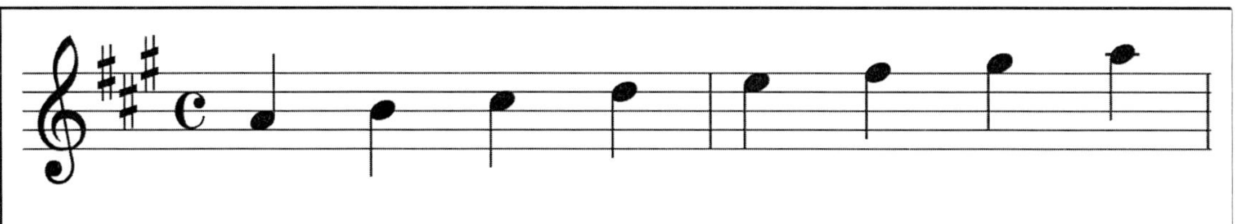

Nach A-Dur folgt E-Dur = 4# (cis, dis, fis, gis)

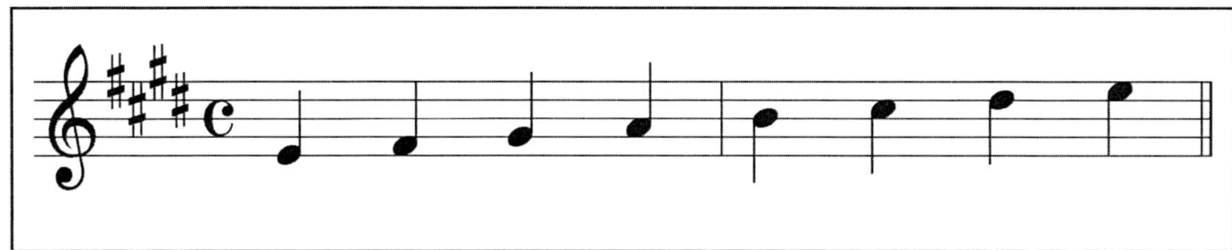

Nun folgt H-Dur = 5# (ais, cis, dis, fis, gis)

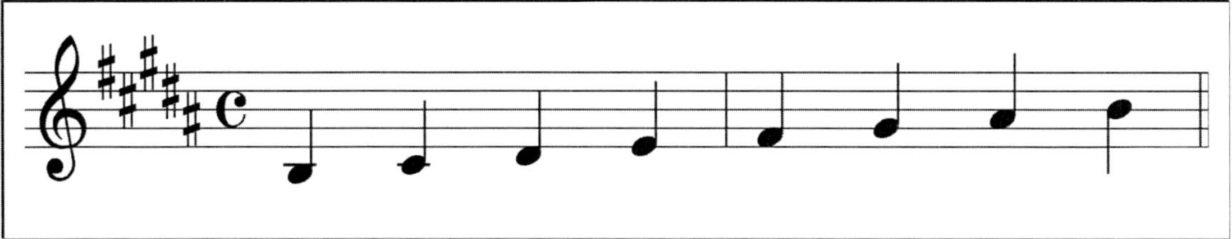

Nun müsst ihr aufpassen. Wir landen beim Abzählen bei der F-Note. Die nächste Tonleiter heißt aber nicht F-Dur. Warum nicht?

Weil ihr am Anfang der Notenreihe einige Notenkreuze seht. Das F wird nämlich zum Fis. Demzufolge heißt die nächste Tonleiter:

Fis-Dur = 6# (ais, cis, dis, eis, fis, gis)

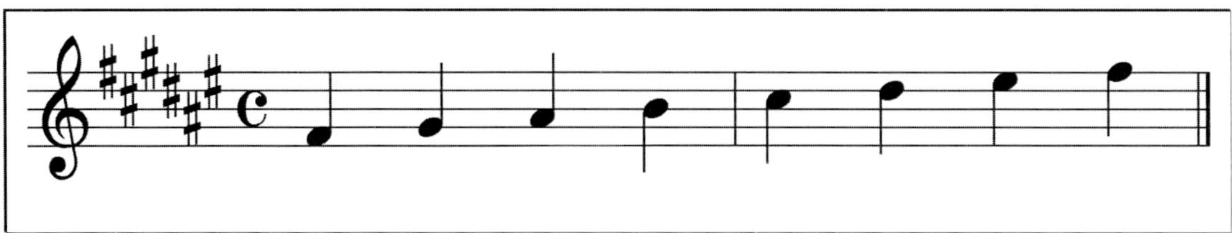

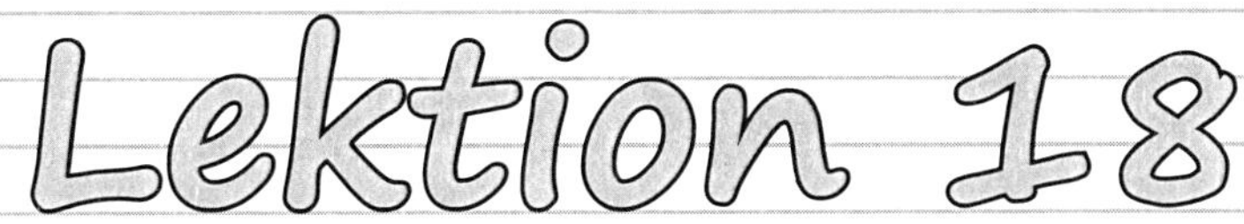

Quintenzirkel: ☞ Dur mit b

Der Pfeil, den ihr einzeichnet, zeigt uns die Note C2 an. Wie heißt die letzte Tonleiter des rechten Außenzirkels? Cis-Dur? Logisch oder?

Cis-Dur = 7# (ais, his, cis, dis, eis, fis, gis)

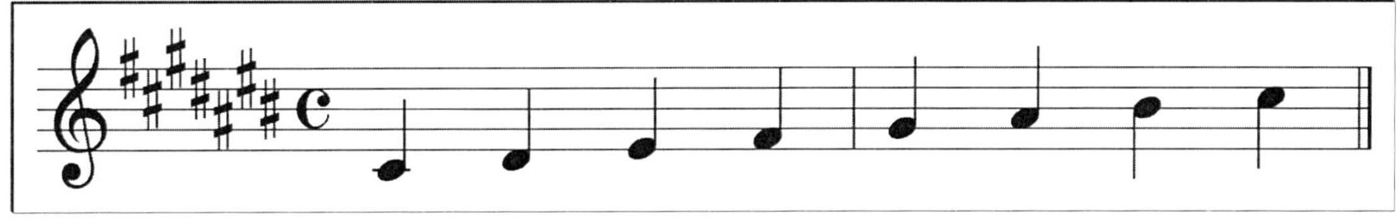

Wer ein Instrument spielt, keine Sorge, solche Tonleitern kommen zum Glück nur bei ganz schwierigen Stücken vor. Zudem lernen wir, wie man schwierige Stücke in leichteren Tonlagen spielen kann.

Nun folgt der <u>linke</u> Teil des Quintenzirkels.

Hier seht ihr als Vorzeichen viele b. Mit der Quinten-Schiebung wird es fast genauso vollzogen wie mit den Notenkreuzen. Nur umgekehrt. Wir schieben nun gedanklich die Tonleiter von C2 um 5 Tonschritte runter.

C-Dur = kein Vorzeichen

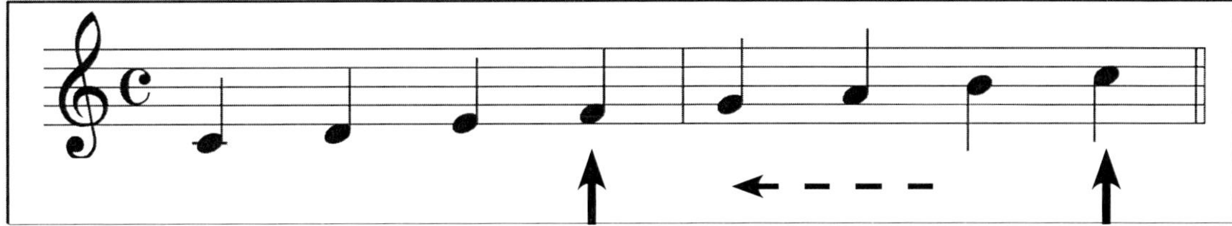

Wir gehen runter von der Note C2 – H – A – G – F.

Wir sehen die Note F, was uns sagt, dass nun F-Dur folgt.

Ich zeige euch nun den F-Dur und ihr zeichnet wiederum den Pfeil an die richtige Stelle.

F-Dur = 1 b (b)

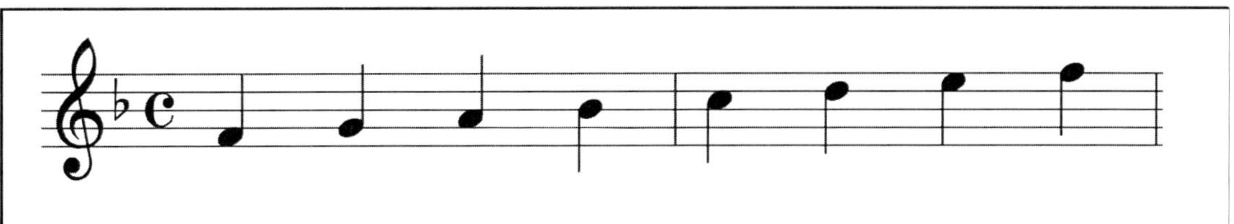

KOHL VERLAG Notenlehre... leicht verständlich – Bestell-Nr. 12 350

Lektion 18

Quintenzirkel: ✐ Dur mit b

Schiebt gedanklich diese Tonleiter um 5 Tonschritte runter. Wir erreichen die Note H.

Achtung: Am Anfang der Notenreihe ist ein b zu sehen. Es folgt somit B-Dur.

B-Dur = 2b (b, es)

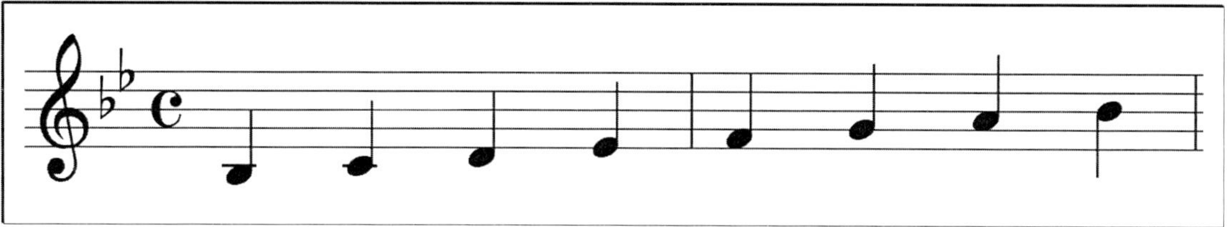

Der Pfeil sitzt nun bei der E-Note.

Aber Achtung: Beachtet die Vorzeichen. Die nächste Tonleiter heißt: Es-Dur.

Es-Dur = 3b (as, b, es)

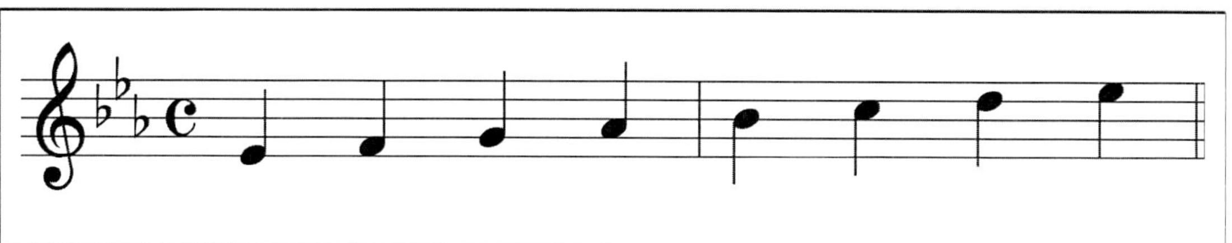

Der Pfeil zeigt die Note A an. Denkt an die Vorzeichen. Die nächste Tonleiter heißt: As -Dur.

As-Dur = 4b (as, b, des, es)

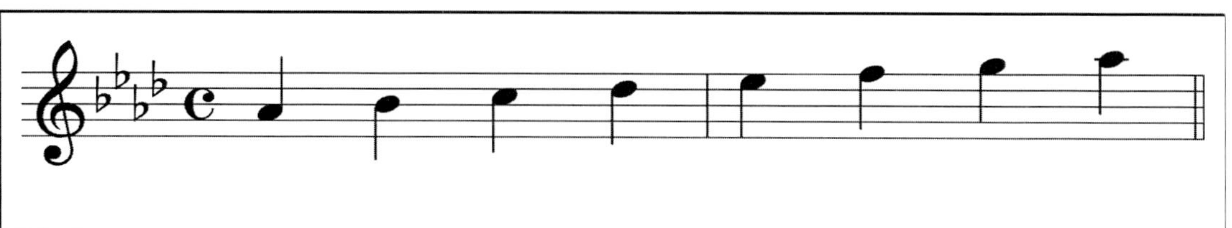

KOHL VERLAG Notenlehre... leicht verständlich – Bestell-Nr. 12 350

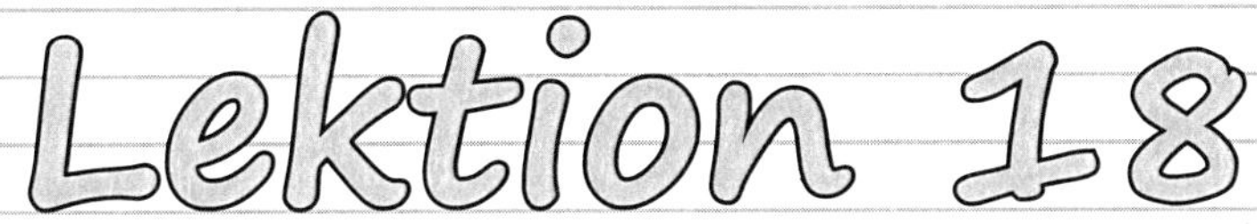

Quintenzirkel: ☞ Dur mit b

Der Pfeil, den ihr einzeichnet, sitzt bei der Note D. Beachtet die Vorzeichen. Die nächste Tonleiter heißt: Des-Dur.

Des-Dur = 5b (ges, as, b, des, es)

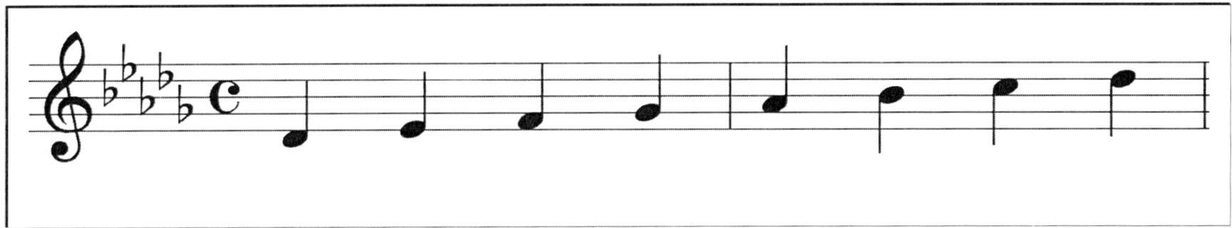

Der Pfeil sitzt bei der Note G. Beachtet die Vorzeichen. Die nächste Tonleiter heißt: Ges-Dur.

Ges-Dur = 6b (ges, as, b, ces, des, es)

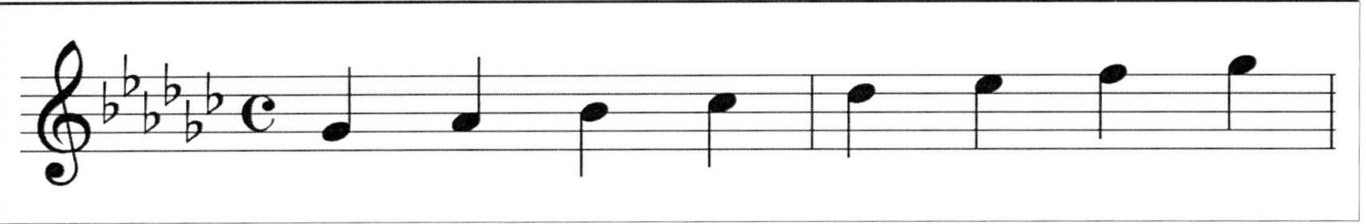

Der Pfeil sitzt bei der Note C = Ces-Dur.

Ces-Dur = 7b (fes, ges, as, b, ces, des, es)

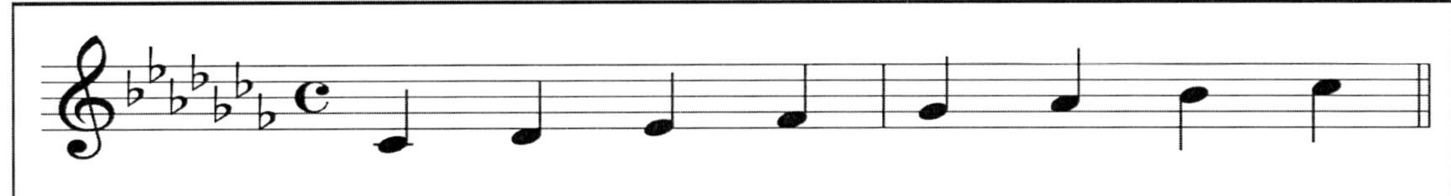

Den Außenkreis haben wir nun geschafft. Ich bin sicher, den habt ihr schnell verstanden. Wie kann man sich die Tonleiterreihenfolge merken?

Es gibt Sprüche, die als Eselsbrücken helfen können:

(Dur-Tonarten mit #): **G**ehe **D**u **A**lter **E**sel **H**ole **F**ische

(Dur-Tonarten mit b): **F**rische **B**rezeln **ES**sen **AS**se **DES** **GES**angs

KOHL VERLAG Notenlehre... leicht verständlich – Bestell-Nr. 12 350

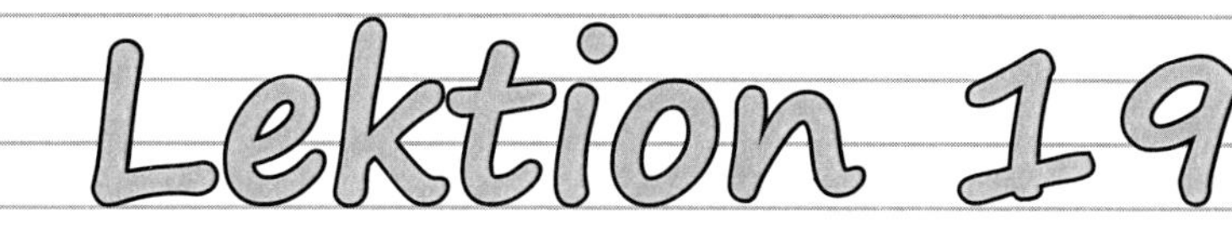

Quintenzirkel der parallelen Molltonarten

Im Quintenzirkel des Innenraumes folgen nun **Molltonarten**.

Hierbei haben die Molltonarten bei der 2. und 3. sowie 5 und 6 Stufe einen Halbtonschritt. Schaut euch das einmal an.

A-Moll hat keine Vorzeichen.

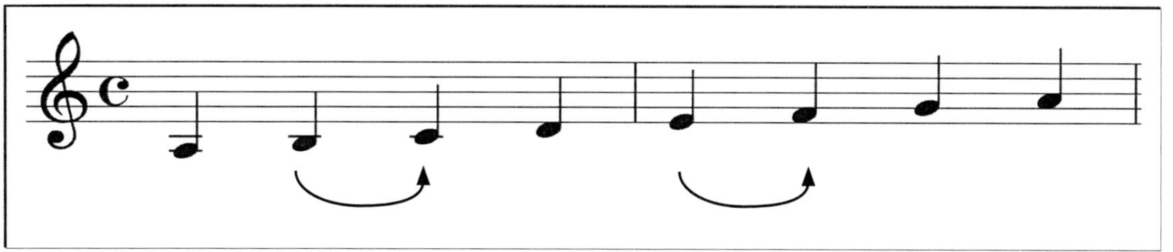

Im Dreiklang habt ihr die großen und kleinen Terzen kennengelernt.

Moll beginnt mit einer kleinen Terz. Schaut euch im Quintenzirkel die C-Dur-Tonleiter an. Im Innenkreis steht nun a-Moll. Im Unterschied zur C-Dur Tonleiter haben wir in der Moll Tonleiter eine kleine Terz am Anfang. So kommt ihr von C-Dur auf a-Moll. Man nennt es eine Parallele zur Dur-Tonleiter. So ist es mit dem ganzen Innenkreis. Von G-Dur ist die Parallele e-Moll usw. Moll Tonleitern werden mit kleinen Buchstaben benannt. Ebenso werden die Notenbuchstaben die in den Molltonleitern vorkommen klein geschrieben.

Nun folgen die Molltonleitern.

a-Moll: Die Noten werden genauso gesetzt wie in Dur. Von der A-Note zur nächsten A-Note = keine Vorzeichen.

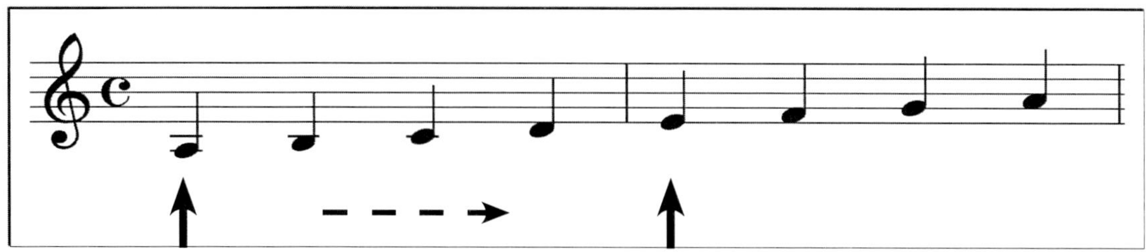

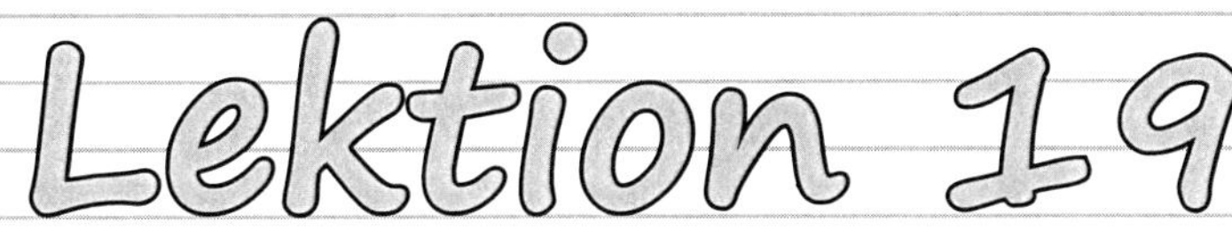

Quintenzirkel der parallelen Molltonarten

e-Moll = 1 # (fis)

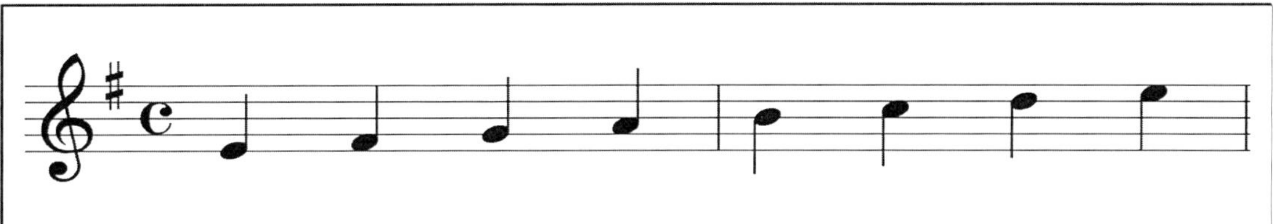

h-Moll = 2# (cis, fis)

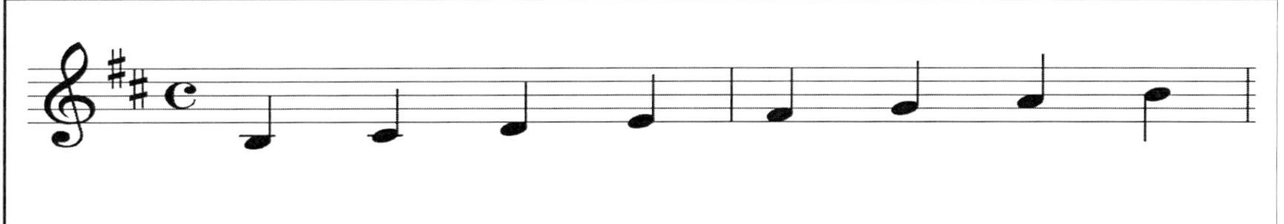

fis-Moll = 3# (cis, fis, gis)

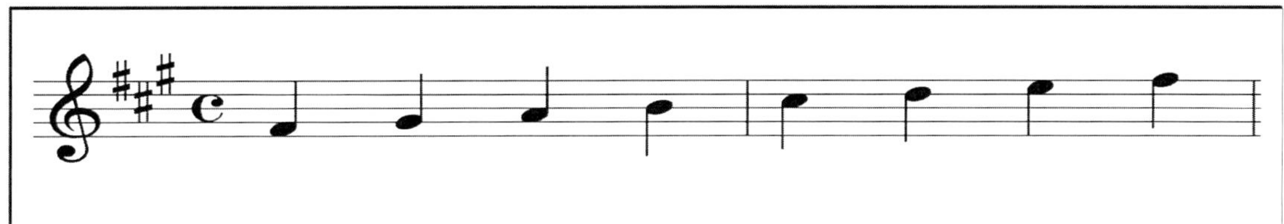

cis-Moll = 4# (cis, dis, fis, gis)

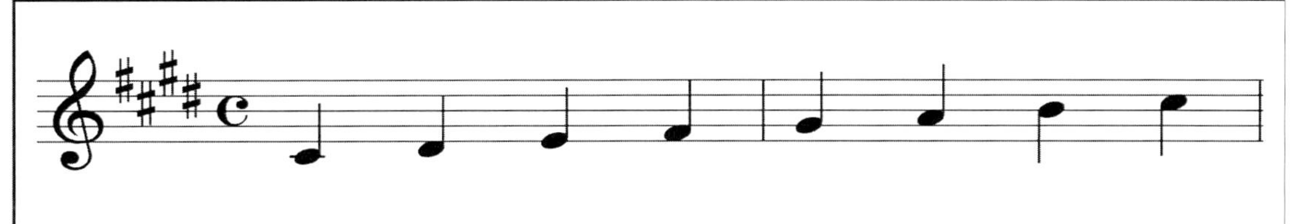

gis-Moll = 5# (ais, cis, dis, fis, gis)

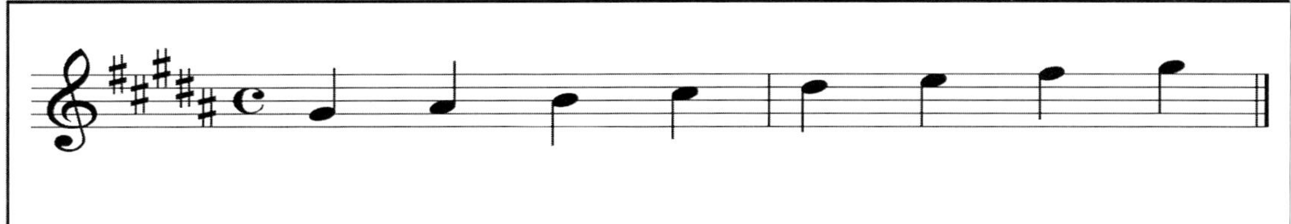

Notenlehre... leicht verständlich – Bestell-Nr. 12 350
KOHL VERLAG

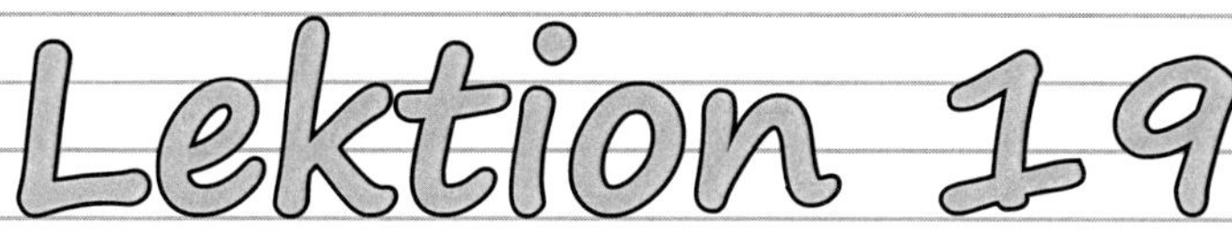

Quintenzirkel der parallelen Molltonarten

dis-Moll = 6# (ais, his, cis, dis, eis, fis, gis)

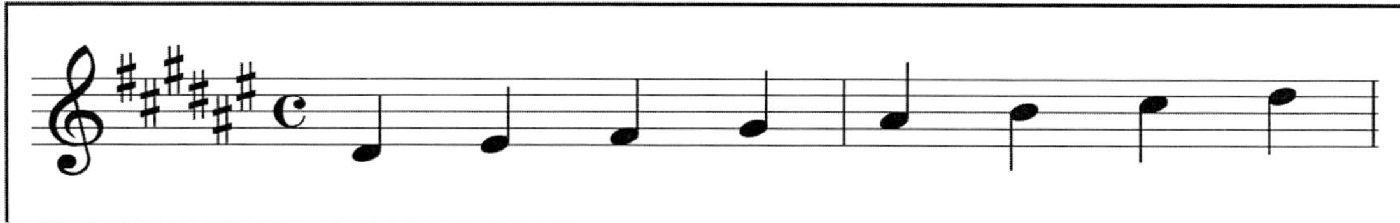

ais-Moll = 7# (ais, his, cis, dis, eis, fis, gis)

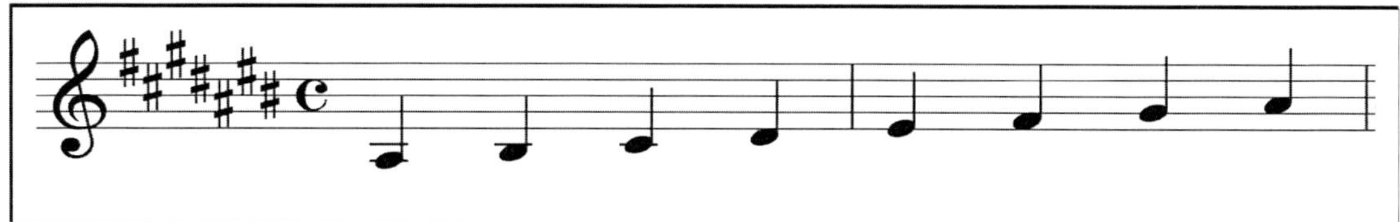

Nun haben wir den rechten Innenkreis des Quintenzirkels fertig. Jetzt folgt der linke Innenkreis des Quintenzirkels.

a-Moll = kein b

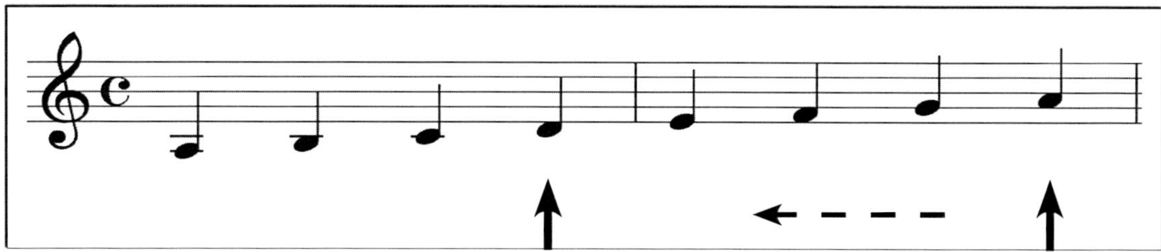

d-Moll = 1b (b)

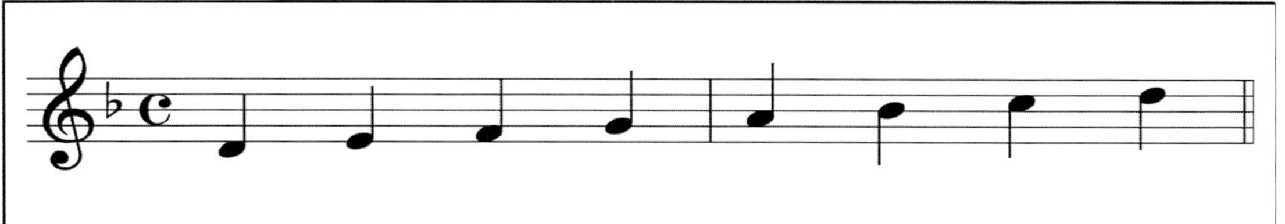

g-Moll = 2b (b, es)

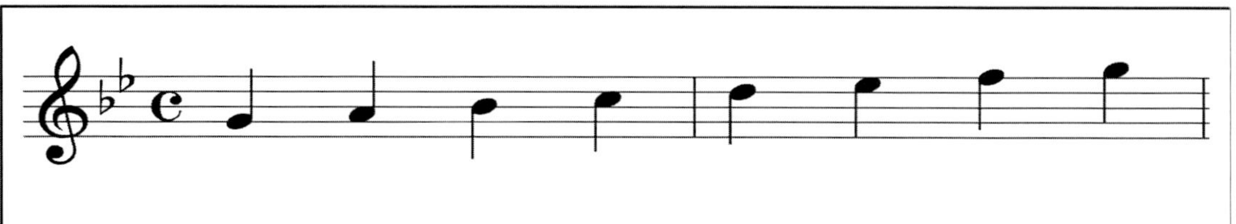

KOHL VERLAG Notenlehre ... leicht verständlich – Bestell-Nr. 12 350

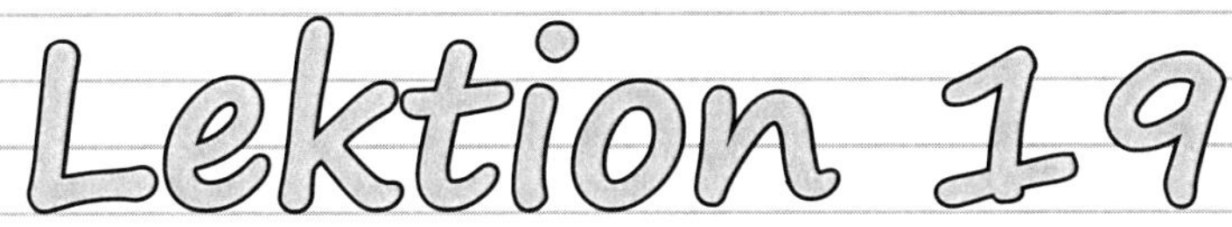

Quintenzirkel der parallelen Molltonarten

c-Moll = 3b (as, b, es)

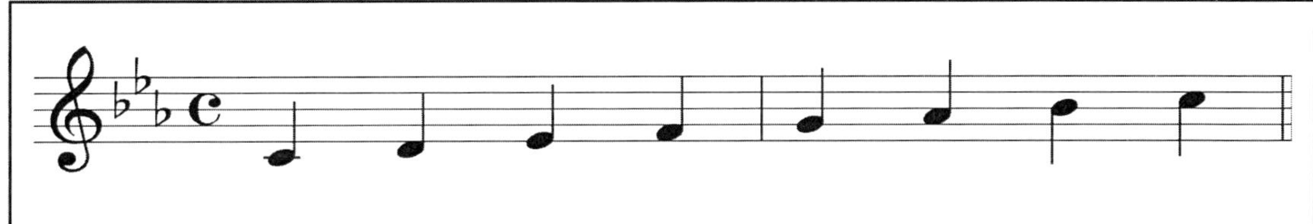

f-Moll = 4b (as, b, des, es)

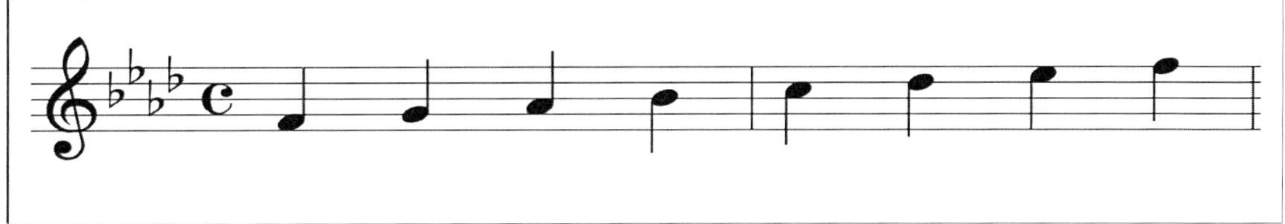

b-Moll = 5b (ges, as, b, des, es)

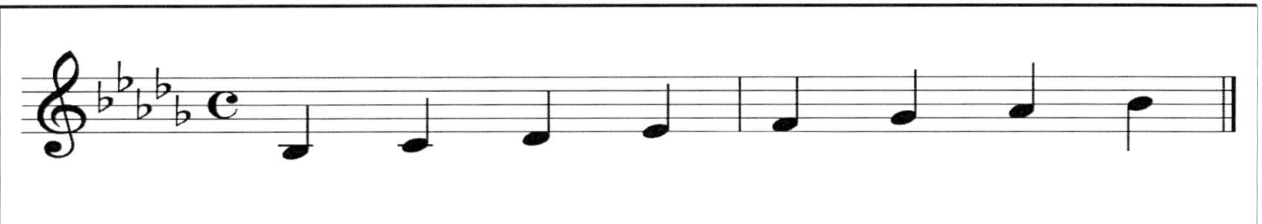

es-Moll = 6b (ges, as, b, ces, des, es)

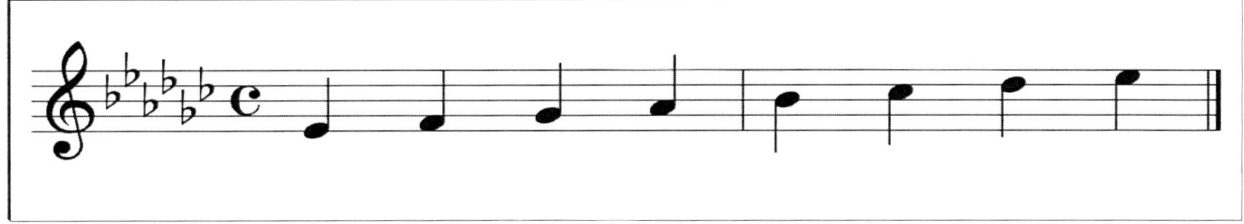

as-Moll = 7b (fes, ges, as, b, ces, des, es)

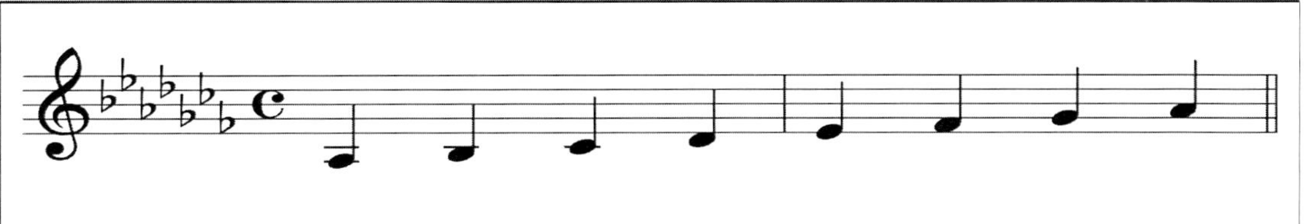

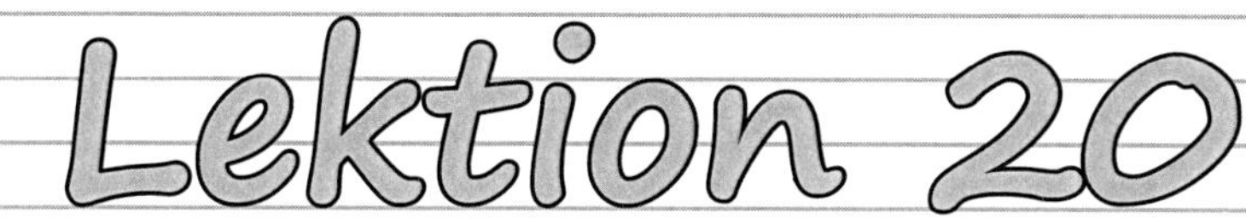

Bassschlüssel

Es gibt den Violinschlüssel, der auch G-Schlüssel genannt wird. Es gibt aber auch den Bassschlüssel. Dieser wird auch F-Schlüssel genannt.

Wie war das noch mit dem G-Schlüssel?

Er kreist die Note G ein. Er zeigt uns, dass auf der zweiten Notenlinie die Note G sitzt. Von da ab lesen wir die Noten: G – A – H – C2 usw.

Von der G-Note hinuner: G – F – E – D – C usw.

Der F-Schlüssel sieht aus wie ein umgedrehtes C. Er sagt uns, dass in der vorletzten Reihe der Notenlinien die Note F sitzt.

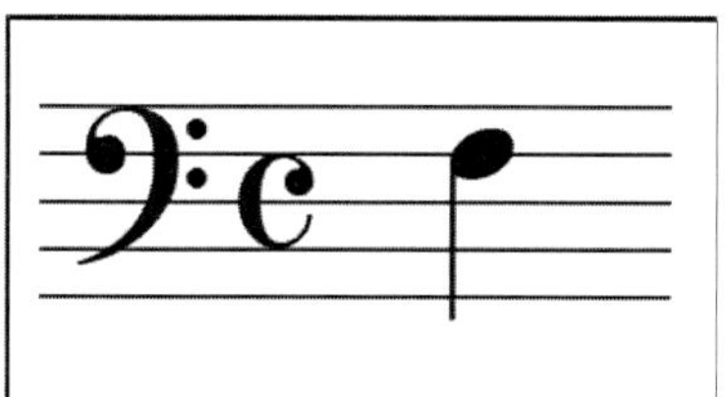

Bei dem Bassschlüssel schreibt man die Töne der ersten Oktave groß. Ab der zweiten Oktave klein z.B. c2. Ab der dritten Oktave wieder groß. So wechselt es bei jeder Oktave.

Die zwei Punkte zeigen uns die Note an. Hier liegt nun die Note F2. Im Vergleich zum G-Schlüssel würde hier die Note D2 liegen. Die Noten im F-Schlüssel liegen zwei Noten höher als im G-Schlüssel. Gedanklich können die meisten Schüler so besser arbeiten, andere legen sich auf den F-Schlüssel fest.

Lektion 20

Bassschlüssel

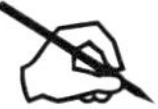

Benennt nun die Noten im F-Schlüssel.

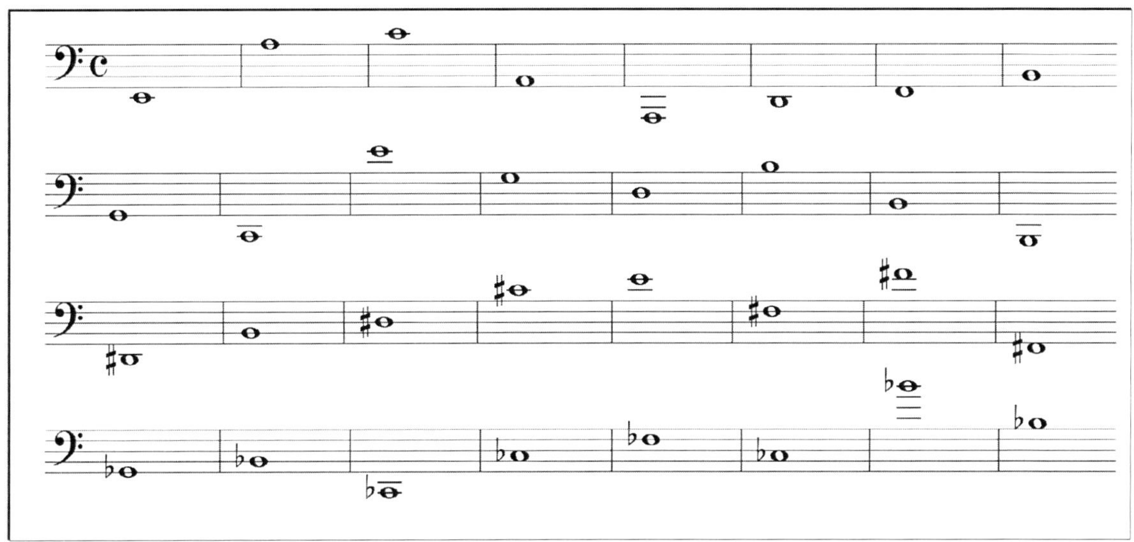

Zeichnet nun selbst in den Notenlinien den F-Schlüssel, zudem 10 Noten ohne Vorzeichen und 10 Noten mit Vorzeichen. Tauscht eure Ergebnisse mit eurem Sitznachbarn. Er oder sie kontrolliert die Noten. Achtet auf Groß- und Kleinschreibung.

Schreibt die Noten unter die zwei Reihen.

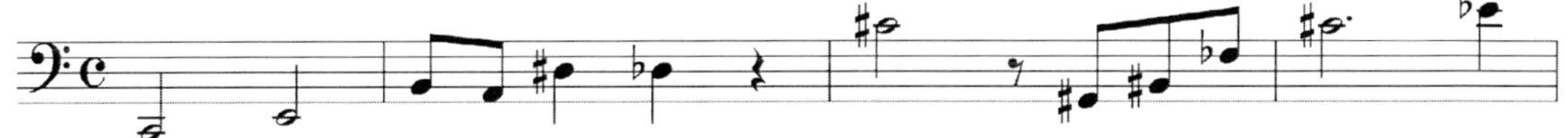

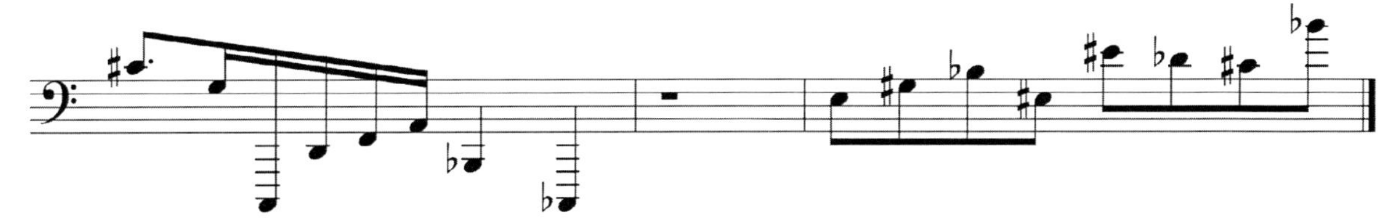

Notenlehre... leicht verständlich – Bestell-Nr. 12 350
KOHL VERLAG

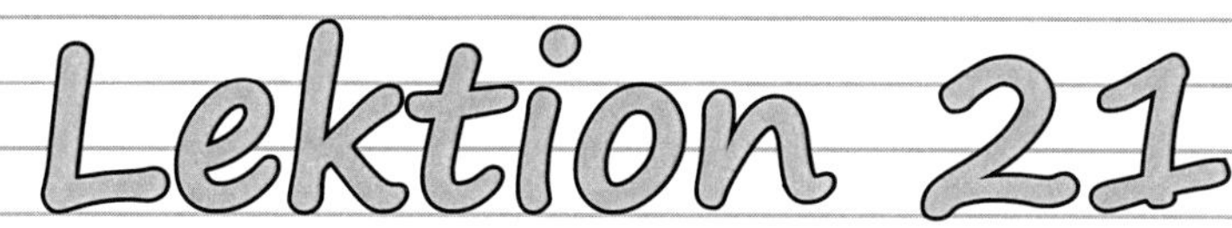

Der vierstimmige Satzaufbau

Bei einem vierstimmigen Satz sind vier menschliche Stimmlagen beteiligt. Diese unterschiedlichen Stimmlagen gibt es in einem gemischten Männer- und Frauenchor, sowie in Kinder- und Jugendchören.

Der vierstimmige Satz besteht aus diesen Stimmlagen:

Sopran-Stimme, Alt-Stimme, Tenor-Stimme, Bass-Stimme

Es gibt bei Chorsätzen auch noch andere Reihenfolgen wie:

Frauenchor: erster Sopran, zweiter Sopran, erster Alt, zweiter Alt

Männerchor: erster Tenor, zweiter Tenor, erster Bass, zweiter Bass

Die Noten selbst bleiben aber bei allen Chorsätzen gleich.

Da ihr nun die Dreiklänge kennt, kommt nun noch eine vierte Note dazu. Und zwar eine Note aus dem Dreiklang.

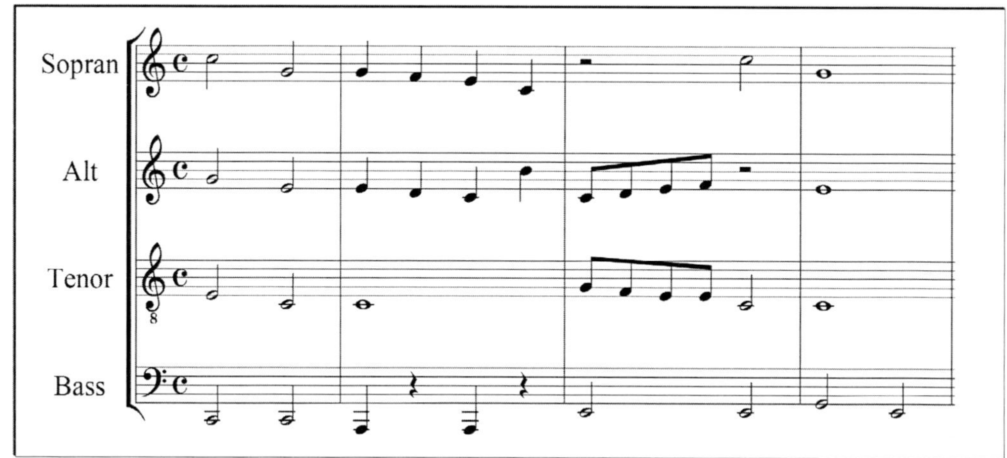

Hier nenne ich nur die ersten Noten. Vielleicht könnt ihr die vier Noten singen?

Die Sopran-Stimme singt die Note C2.

Die Altstimme singt die Note G1.

Die Tenorstimme singt die Note E1.

Die Bassstimme singt die Note C1.

All die Noten sind gleichzeitig Akkorde, die man am Klavier, Keyboard oder Gitarre spielen kann.

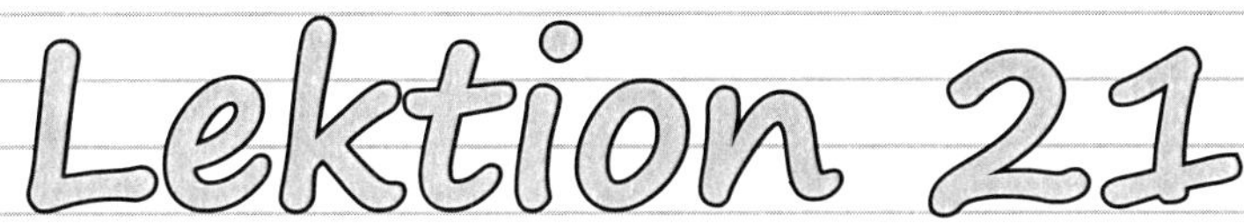

Der vierstimmige Satzaufbau

Wenn ihr euch die Noten anschaut, ist hier deutlich C-Dur zu sehen. Die Bassangabe ist immer im F-Schlüssel geschrieben.

Die Noten lauten: C2 – G – E – C. Wenn man vierstimmig singt oder instrumental etwas spielt, ist meist die letzte Note im Bass die tiefste.

Der Akkord C-Dur besteht aus den Noten: C – E und G. Nun überlegt man, welche Note der Bass singen könnte. Hier wurde das C genommen.

Es kommt auch vor, dass der Bass mit dem Tenor die gleiche Note singt. Natürlich gibt es bei den Achtelnoten falsche Töne, aber das hört nur ein geschultes Ohr. Die Note F passt nicht zum Dreiklang des C-Akkords. Da es sich aber in diesem Beispiel um eine Achtelnote handelt, hört man es nicht. Eine ganze Note (F) würde bei dem Beispiel kein Komponist im vierstimmigen Satz einsetzen. Eine Note, die nicht zu den anderen passt, nennt man eine Disharmonie. Das Gesangsstück klingt schief, aber wie erwähnt nur kurz. Eine Disharmonie löst sich aber immer binnen eines Taktes wieder auf.
Pausen lassen Lieder besonders klingen.

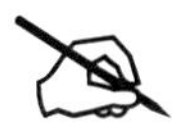

Probiert einmal selbst, einen vierstimmigen Satz in F-Dur zu schreiben. Im Dreiklang oder F-Akkord sind es folgende Noten: F – A – C.

Schaut sonst bei den Dreiklängen und Akkordumkehrungen nach. Zeichnet die Notenlinien im Notenheft, sodass ihr vier Takte erreicht. Setzt dann passende Noten mit unterschiedlichen Notenwerten ein. Setzt auch ruhig mal Pausen mit ein. Ebenso eine Disharmonie.

Ganze Note,

Halbe Noten,

1/4 Noten,

1/8 Noten sowie punktierte Noten.

Pausen am Anfang erst einmal zwei – ¼ Pausen, einmal eine halbe Pause, eine punktierte ¼ Pause und einmal eine ganze Pause.

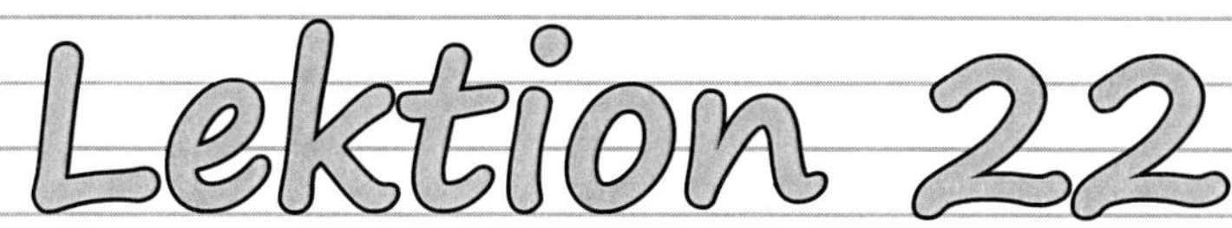

Transponieren

Wer ein Instrument spielt und noch nicht alle Tonarten spielen kann oder Sänger, die sich ein Liederbuch kaufen und sehen, dass das Lied nicht in der Tonlage liegt, wie man es singen möchte oder kann, die Tonart zu schwierig ist oder von der Singstimme zu hoch oder zu tief, kann ganz leicht Lieder in leichte, passende Tonarten umschreiben.

Wir nehmen das Lied „**Hänschen klein**“. Es handelt sich um C-Dur. Zum Spielen am Klavier, Keyboard ist C-Dur am einfachsten, aber zum Singen schwer erreichbar. Wir schreiben C-Dur in F-Dur um. Ihr könnt es mit anderen Liedern üben. Am besten mit Liedern, die keine Doppelnoten enthalten. Man kann aber von Doppelnoten oder Dreifachnoten immer die oberste Note nehmen.

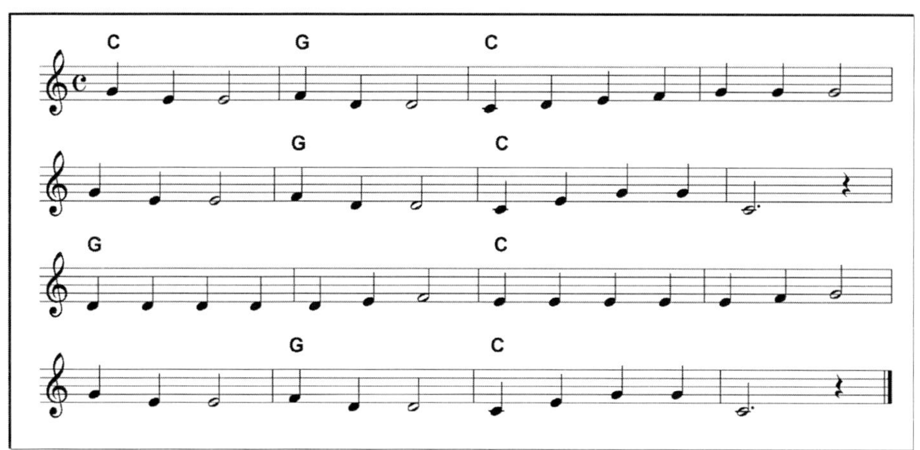

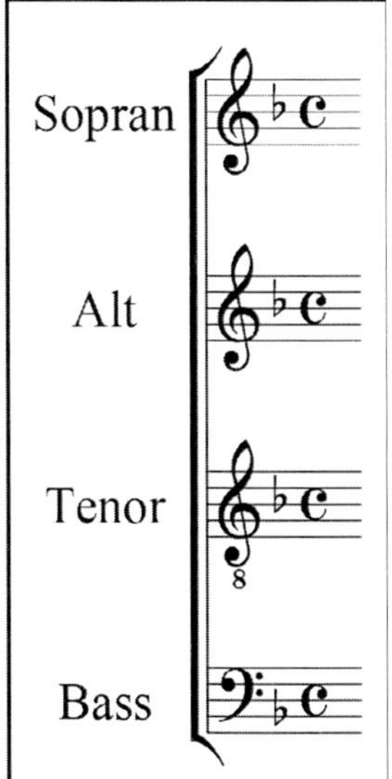

Wie schreiben wir C-Dur nun um? Wir benötigen dafür nur eine Quarte – vier Tonschritte. Mit den Akkorden ist es genauso.

Also alle Noten um 4 Tonschritte höher schieben. Die Akkorde ebenfalls.

Man kann es auch umgekehrt umschreiben. Habt ihr Lieder, die sich in hohen Tonlagen befinden, verschiebt ihr die Noten um vier Tonschritte nach unten.

Nun schaut mal, wie Hänschen klein in F-Dur aussieht.

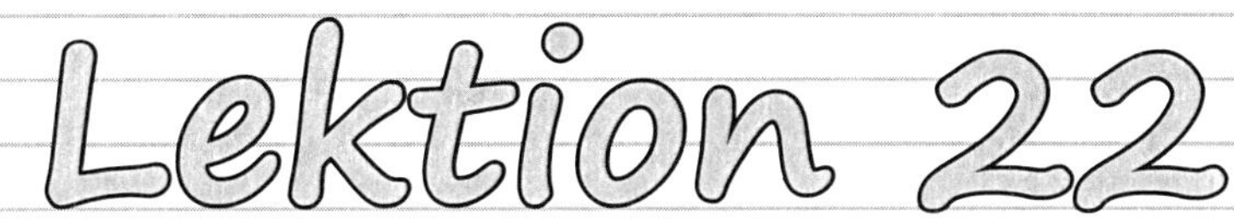

Transponieren

Das ist wirklich leicht oder?

Zudem beginnt und endet jeder Dur in der Tonlage wie das Lied geschrieben ist: In G-Dur ist immer die erste Note ein G und die letzte Note ein G. In A-Dur ist immer die erste Note ein A und die letzte Note ein A. Genauso ist es mit den Akkorden.

Sehr selten sieht man am Anfang eine andere Note, jedoch ist sie dann passend zum Akkord. Das ist mit allen Tonarten so.

„Hänschen klein" in F-Dur

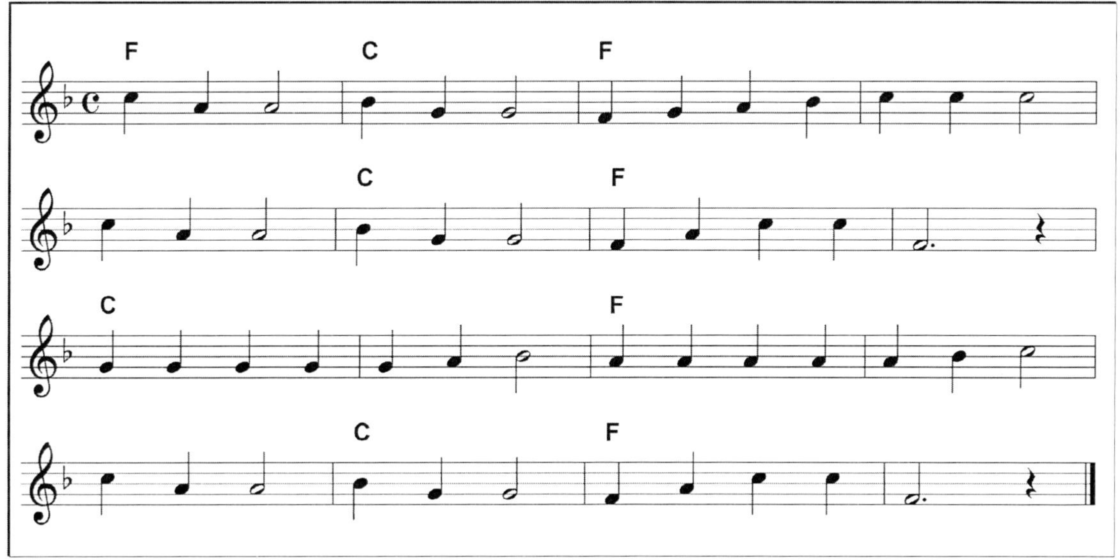

Sucht euch nun selbst Lieder und schreibt sie in andere Tonarten um.

Schreibt ihr von C-Dur in G-Dur um, braucht ihr die Quinte. Dafür sind die Intervalle und der Quintenzirkel gedacht.

KOHL VERLAG Notenlehre... leicht verständlich – Bestell-Nr. 12 350

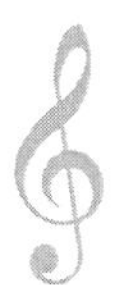

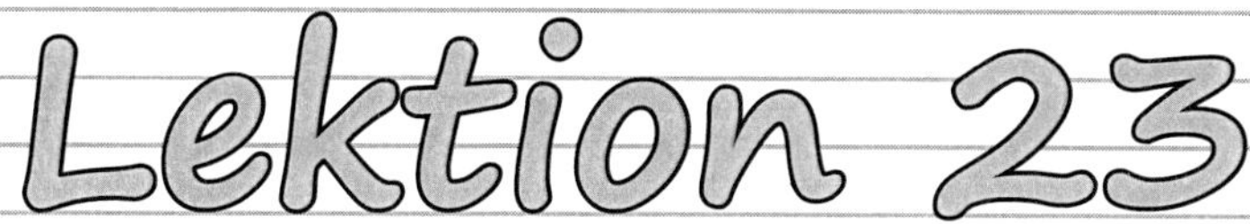

Akkordumkehrungen

C^7 Akkord. 1. Umk. 2. Umk. 3.Umk. 4. Umk.

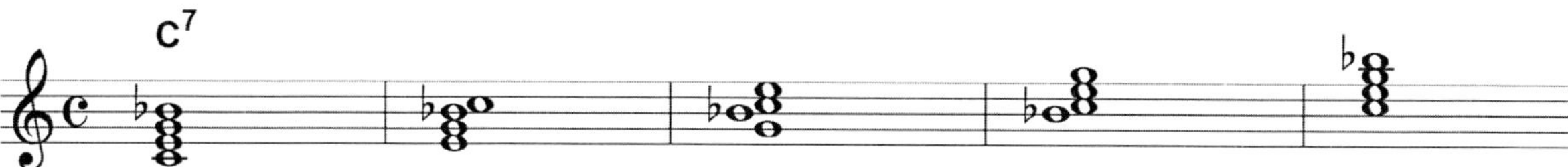

Hier seht ihr den Akkord C^7. Die meisten Akkorde bestehen aus drei Noten. Hier stelle ich euch einen Akkord vor, der aus vier Noten besteht.

C – E – G – Bb

Wie kehrt man einen Akkord um und wozu braucht man es?

Keyboardspieler, die mit dem Drei-Fingerakkord im Rhythmus Gebiet Akkorde spielen, haben durch die Akkordumkehrungen die Möglichkeit, dass Akkorde dicht beieinander sitzen und sie gut greifbar sind (Hier wird mit der linken Hand gespielt). Es gibt Rhythmusbereiche an Geräten, wo leider die Note F die letzte spielbare Note ist. Danach beginnt die normale Tonleiter, die mit der rechten Hand gespielt wird.

Klavierspieler und Keyboardspieler können anhand der Akkorde in der Notenschrift sehen, dass z. B. ein Lied, welches in C-Dur gespielt wird, bis auf wenige Ausnahmen immer mit passenden Noten zur rechten Hand gespielt wird. (Für Kompositionen braucht man diese Lektion).

Wie kehre ich nun einen Akkord um? Oben im Bild seht ihr den C^7 Akkord. Die erste Note unten ist das tiefe c. Das c wird eine Oktave höher gesetzt. Die anderen drei Noten bleiben stehen. Dann nimmt man die e-Note und setzt sie eine Oktave höher. Dann setzt man das g eine Oktave höher, dann die b Note usw.

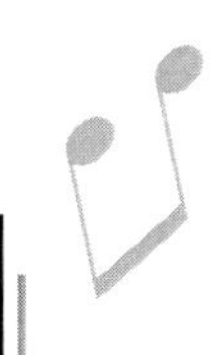

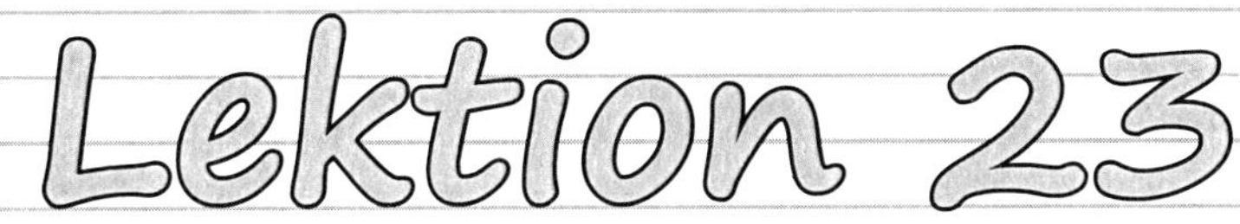

Akkordumkehrungen

Mit dem nächsten Akkord macht man es genauso. Der a-Moll Akkord besteht aus den Noten A – C2 und E2.
Wir setzen die Note A eine Oktave höher zum A2 (erste Umkehrung).

Bei der zweiten Umkehrung wird das C2 eine Oktave höher gesetzt. Dritte Umkehrung, wir setzen die Note E2 eine Oktave höher. Der erste Akkord bei a-Moll ist am leichtesten greifbar.

Hier haben wir die Akkorde D^7 und Am.

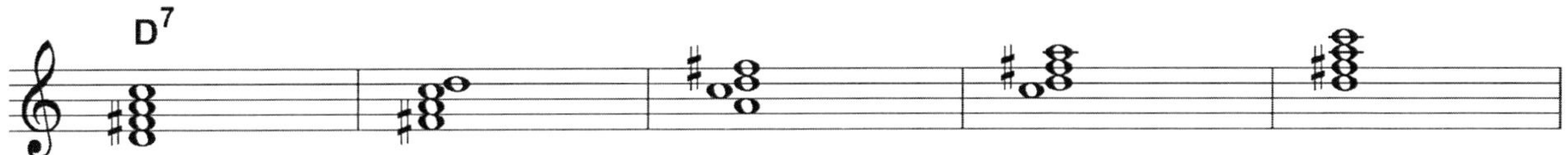

Der D-Akkord besteht aus den Noten: D1, Fis, A

Beim Akkord D^7 kommt nun noch das C hinzu.

1. Umkehrung: Man setzt die Note D1 eine Oktave höher.
2. Umkehrung: Man setzt die Note Fis eine Oktave höher.
3. Umkehrung: Man setzt die Note A eine Oktave höher.
4. Umkehrung: Man setzt die Note C eine Oktave höher.

Am Keyboard ist die erste D^7-Umkehrung am leichtesten greifbar.

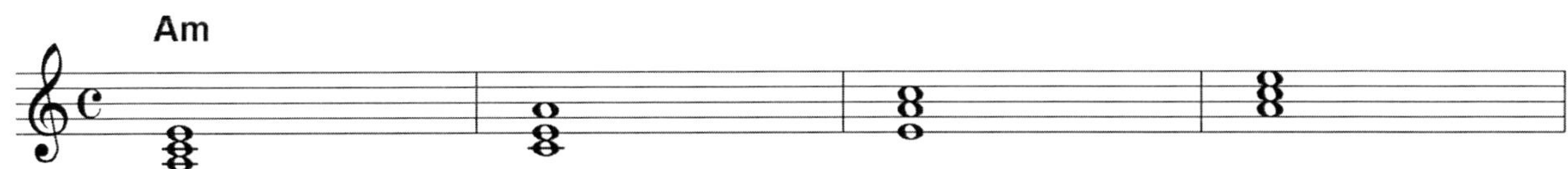

Beschreibe nun selbst den Aufbau und die Umkehrung des Am-Akkords.

Notenlehre... leicht verständlich – Bestell-Nr. 12 350
KOHL VERLAG

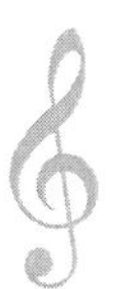

Lektion 23

Akkordumkehrungen

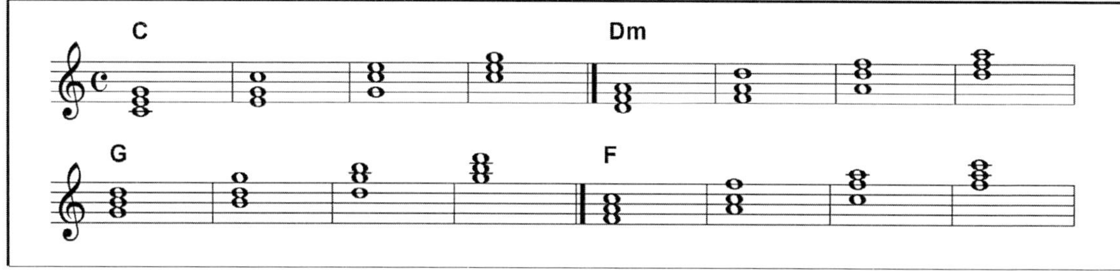

Der C-Akkord wird genauso umgekehrt, ebenso der Dm, G und F-Akkord. Kreist die Noten ein, die eine Oktave höher gesetzt wurden. Alle Dur-Akkorde werden in den Noten für Keyboard, Gitarre oder Klavier mit Großbuchstaben wie z. B. C – G – F – D^7 usw. abgekürzt. Sieht man dagegen ein kleines c – g – f oder d, sind damit Moll-Akkorde gemeint. Das sieht dann so aus:

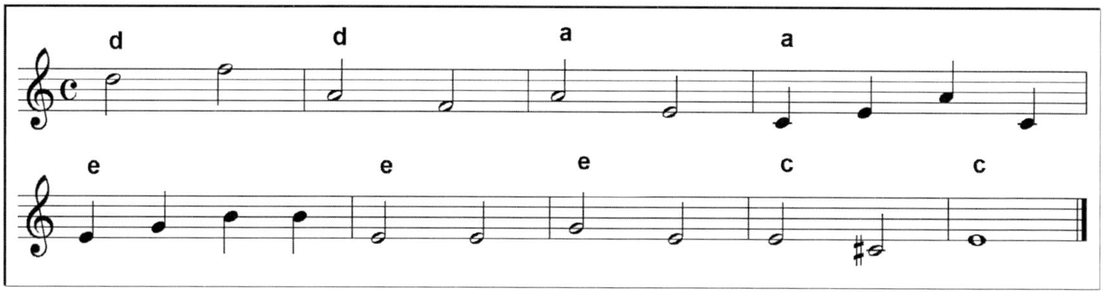

Hier werden überall Moll-Akkorde gespielt und keine Dur.

Warum sind manche gleiche Akkorde mal groß und mal kleingeschrieben? Im deutschsprachigen Raum wird z.B. der E-Moll-Akkord mit „e" bezeichnet, im angelsächsischen Raum dagegen mit Em.

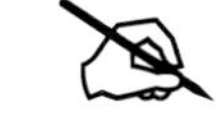

Hier siehst du einen Akkord in der Grundform. Bestimme den Akkord und schreibe in jeden Takt eine Umkehrung dieses Dreiklangs.

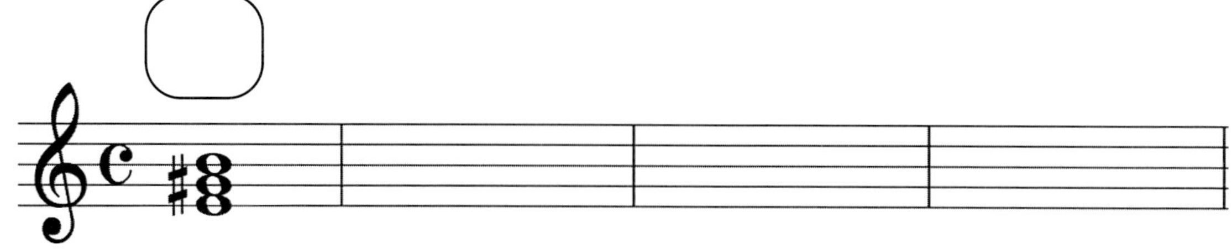

Lektion 24

Komponieren nach Akkorden

Durch die Dreiklänge und Akkordumkehrungen kann man nach Noten komponieren.

Wer Keyboard spielt, kennt viele Akkorde auswendig. Die Noten, die mit der linken Hand gespielt werden, kann man auch mit der rechten Hand spielen und zwar anders angeordnet.

Man sollte natürlich wissen, welche Akkorde zu welchen Tonarten gehören, aber ihr habt gelernt, schwierige Lieder mit vielen Akkorden in leichtere Tonarten umzuschreiben. Somit kann man sehr gut in C-Dur komponieren und das Lied in andere Tonarten umschreiben.

Wir schauen uns **C-Dur** an und vergleichen mit dem Quintenzirkel:

Die Akkorde dazu sind:

I.	$C^{(7)}$:	c - e - g - (b)
	Am:	a - c - e
IV.	F:	f - a - c
	Dm:	d - f - a
V.	$G^{(7)}$:	g - h - d - (f)
	Em:	e - g - h

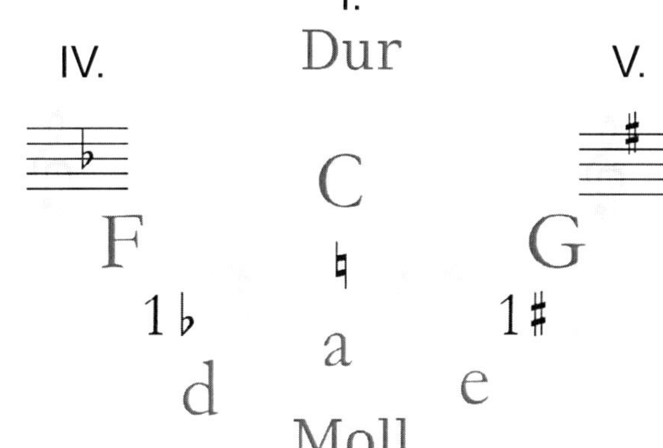

Ausnahmeakkorde gibt es immer, genauso, dass in C-Dur eine Fis-Note vorkommen kann oder ein b. Wir bleiben bei dem Grundlernen.

Nun ein Notenbeispiel. Logisch, die Akkordfolge kann man nicht festlegen. Ich schreibe einfach Akkorde auf und setze passende Noten in verschiedenen Notenwerten ein. Gerne auch Pausenzeichen. Oft hat man zufällig und sofort eine gute Akkordreihe gewählt und die Melodie lässt sich gut hören. Wenn nicht, kann man jederzeit Akkorde austauschen und auch Noten. Ihr müsst nun keine Superstar-Songs schreiben. Aber wer weiß, vielleicht schafft es ein Schüler/in eine Melodie zu schreiben, die man gut spielen und singen kann. Wer einigermaßen texten kann, hat die Möglichkeit, der Melodie einen Text zu geben.

Notenlehre... leicht verständlich – Bestell-Nr. 12 350
KOHL VERLAG

Lektion 24

Komponieren nach Akkorden

Komponieren kann man lernen. Aber wer ein Gefühl für Musik besitzt, dem fällt es leichter. Es gibt auch Musiktalente, die ohne Noten Lieder schreiben und texten. Vergleicht euch nie mit Mozart, Bach oder Beethoven. Es macht viel Spaß, kleine Melodien hinzubekommen.

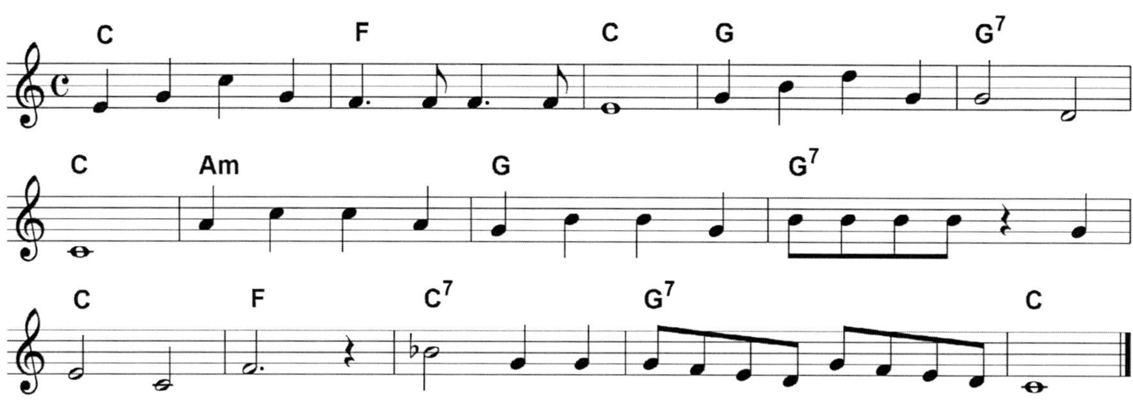

Besonders gut klingt es nicht. Es soll auch nur ein Beispiel sein. Vielleicht kann das jemand vorspielen? Versucht eine schönere Melodie hinzubekommen.

Wir schauen uns **G-Dur** an und vergleichen mit dem Quintenzirkel:

Die Akkorde dazu sind:

I. $G^{(7)}$: g - h - d - (f)
Em: e - g - h

IV. C: c - e - g
Am: a - c - e

V. $D^{(7)}$: d - fis - a - (c)
Hm: h - d - fis

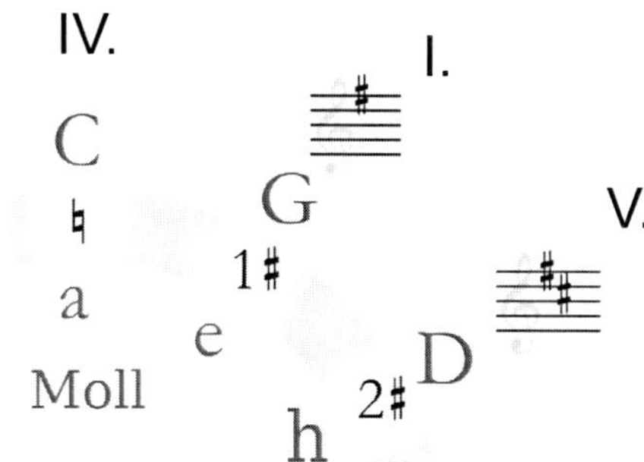

Andere Tonarten könnt ihr aus dem Quintenzirkel entnehmen.

 *Versucht es einfach mal!*

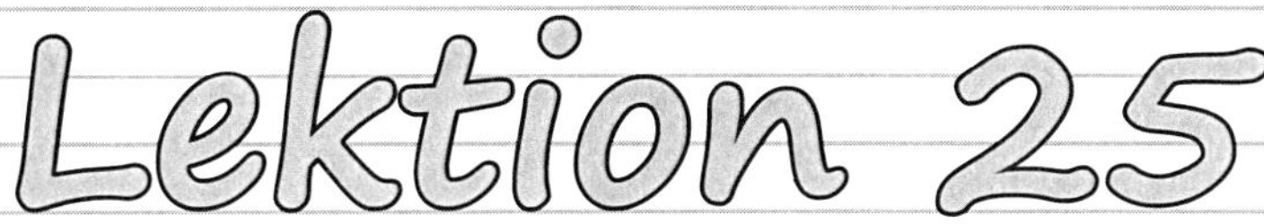

Musikalische Fachausdrücke

Es gibt sehr viele Fachausdrücke. Hier habt ihr einen Überblick über die wichtigsten Fachausdrücke. Einige davon stehen in Musikstücken. Zum Beispiel wird der Begriff „Mezzoforte“ mit mf abgekürzt.

Fachausdruck	Bedeutung
A cappella	Gesang ohne Begleitung durch Instrumente
Absolute Musik	Von allen außermusikalischen Bestimmungen freie Musik
Adagietto	Tempobezeichnung
Adagio	Ruhig, langsam
Akkord	Zusammenklang dreier Töne
Alla Breve	2/2-Takt (Halbiert den 4/4- und den 6/8-Takt)
Allegretto	Munter, bewegt, etwas langsamer als Allegro
Allegro	Schnell, lebhaft, flott
Andante	Gehend
Aria	Sologesangsstück
Arie	Instrumental begleiteter Sologesang
Arpeggio	Nacheinander spielen der Töne eines Akkords
Auftakt	Musikalischer Anlauf
Choral	kirchlicher Gesang
Crescendo	Spielanweisung: lauter werden <
Decrescendo	Spielanweisung: leiser werdend >
Fermate	länger als notiert gehaltene Note
Forte	Spielanweisung: laut
Fortissimo	Spielanweisung: sehr laut
Legato	Spielanweisung: gebunden, Notierung mit Bindebogen bei Noten unterschiedlicher Höhe
Mezzoforte	Spielanweisung: eher laut
Mezzopiano	Dynamikbezeichnung: eher leise
Moderato	Spielanweisung: gemäßigt
Pianissimo	Spielanweisung: sehr leise
Piano	Spielanweisung: leise
Staccato	Spielanweisung: kurz, abgestoßen
Vibrato	Spielanweisung: beben, zittern

KOHL VERLAG Notenlehre... leicht verständlich – Bestell-Nr. 12 350

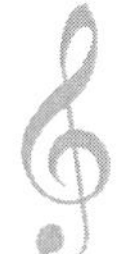

Lösungen

Lektion 3: **MUSIKSTUECK**

Lektion 12:

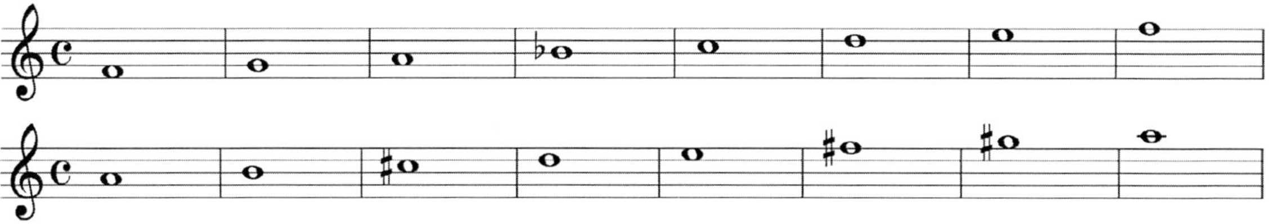

Lektion 13:

Tonabstand	Tonschritte	Fachausdruck
	8	*Oktave*
	1	*Prime*
	3	*Terz*
	5	*Quinte*
	4	*Quarte*
	6	*Sext*
	7	*Sept*
	2	*Sekunde*

Lektion 20:

E	a2	C3	A2	A	D	F	H
G	C	e3	g2	d2	h2	H	h
Dis	H	dis	cis3	E3	fis2	Fis3	Fis
Ges	b	Ces	ces2	fes2	ces2	b3	b

C E	H A dis2 des2	Cis3 Gis His fes2	Cis3 Es3

Cis3 g2 C D F A b ces		e2 gis2 b eis2 Eis3 Des3 Cis3 b3

Lektion 23:

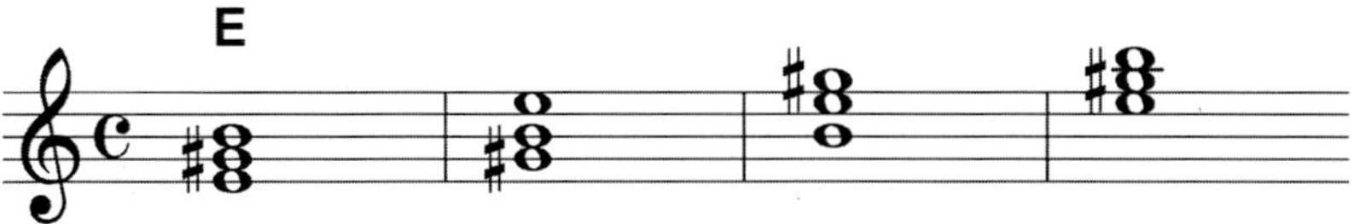

KOHL VERLAG
Notenlehre... leicht verständlich – Bestell-Nr. 12 350